es 1242

edition suhrkamp
Neue Folge Band 242

Neue Historische Bibliothek
Herausgegeben von Hans-Ulrich Wehler

Das Urteil über den politischen Terrorismus heute zeichnet sich vor allem durch seine Geschichtslosigkeit aus, wie man an den vielen Tagespolemiken feststellen kann. Die geschichtliche Dimension in diese Auseinandersetzungen einzubringen ist das Ziel dieser Darstellung. Sie verfolgt die Geschichte der politischen Kriminalität im Deutschland des 19. und 20. Jahrhunderts in ihrer engen Verbindung zur Geschichte der politischen Justiz. Schwerpunkte der Untersuchung sind: Vormärz und Revolution von 1848/49; Kaiserreich und Weltkrieg; Weimarer Republik und die Zeit des Nationalsozialismus. Vor dem Hintergrund historischer Erfahrungen wird auch das Problem politischer Gewalt und Gewaltbekämpfung im letzten Jahrzehnt und in unserer unmittelbaren Gegenwart erörtert. An das Bekanntwerden mit einem weitgehend unbekannten Stück deutscher Justiz- und Kriminalitätsgeschichte knüpft sich die Hoffnung auf Verbreitung von politischem Augenmaß, das nottut, um politischer Gewalt und staatlicher Kopflosigkeit Vernunftgrenzen zu ziehen.
Dirk Blasius, geb. 1941, lehrt Geschichte an der Universität Essen.

Dirk Blasius
Geschichte der politischen Kriminalität in Deutschland

(1800-1980)

Eine Studie zu Justiz und
Staatsverbrechen

Suhrkamp

edition suhrkamp 1242
Neue Folge Band 242
Erste Auflage 1983
© Suhrkamp Verlag Frankfurt am Main 1983
Erstausgabe
Alle Rechte vorbehalten, insbesondere das der Übersetzung,
des öffentlichen Vortrags
sowie der Übertragung durch Rundfunk und Fernsehen,
auch einzelner Teile.
Satz: Georg Wagner, Nördlingen
Druck: Nomos Verlagsgesellschaft, Baden-Baden
Umschlagentwurf: Willy Fleckhaus
Printed in Germany

1 2 3 4 5 6 – 88 87 86 85 84 83

Inhalt

Vorbemerkung

Das Urteil über den politischen Terrorismus heute ist ebenso kontrovers wie geschichtslos. Der Einbruch offener Gewaltförmigkeit in die Sphäre der Politik ist für Konservative willkommener Anlaß, unter dem Stichwort »Endstation Terror« eine Generalabrechnung mit linker politischer Gesinnung zu führen[1]. Die Linke andererseits diskreditiert sich selbst, wenn sie glaubt, sich auf unausgegorene »Politisch-psychologische Anmerkungen zur Roten-Armee-Fraktion« beschränken zu können[2]. Auch theoriegeschichtliche Versuche über das Gewaltphänomen versichern sich meist nicht des Fluchtpunkts der eigenen Ambitionen[3]. Sozialverhältnisgewalt, Ordnungsgewalt und Änderungsgewalt lassen sich zwar »im Aufgang der bürgerlichen Gesellschaft«, beim Übergang vom Feudalismus zum Kapitalismus, auf treffliche Weise historisch ausfällen, doch die Beziehungsgröße all dieser Aufarbeitungen und Ausbreitungen, das sozialistische System, wird vom Gewaltcharakter des real existierenden Sozialismus heute mehr denn je, wie das Beispiel Polen zeigt, spektakulär in Frage gestellt[4].

Die Geschichte der politischen Kriminalität in Deutschland, die hier unter dem Aspekt der deutschen Justizgeschichte thematisiert wird, ist gegenüber soziologischen Begriffskonstruktionen, die ihren Wert für das Gewaltsyndrom in der Dritten Welt haben mögen, bescheidener und auf ein Abstandhalten gegenüber Tagespolemiken bedacht. Die Erfahrungen mit der deutschen Terrorlandschaft der Gegenwart dürfen nicht den Blick auf die lange Geschichte von Justiz und Staatsverbrechen in Deutschland verstellen. Vom Staat verübte Verbrechen begegnen in ihr den gegen ihn gerichteten in einem Verhältnis, das gerade heute nachdenklich machen sollte. Eine Geschichte der politischen Kriminalität setzt ein genaues Vermessen der Handlungsweise der politischen Justiz voraus. Indem der Verzahnung von politischer Justiz und politischer Kriminalität nachgegangen wird, kann Geschichte zur Gewinnung von Maßstäben beitragen: für die Aktionen und Selbstrechtfertigungen des politischen Terrorismus heute und für die Reaktionen eines Staates, dem der Vorwurf des Abgleitens von den Grundsätzen des demokratischen Rechtsstaats gemacht wird.

Diese Studie entfaltet die historische Problematik der politischen Kriminalität von den Rechts- und Verfassungsfragen her, welche die Terrorismusbekämpfung in der Bundesrepublik aufgeworfen hat; sie geht den Anfängen der politischen Kriminalität im Zeitalter der Französischen Revolution nach, die mit der Politisierung des Verfassungslebens an der Wende vom 18. zum 19. Jahrhundert eng zusammenhängen. Der deutsche Vormärz und die Revolution von 1848/1849 spiegeln präzise die Verschränkungen von politischer Delinquenz und politischen Geschehensabläufen. Vom Zeitalter der Reaktion in den fünfziger Jahren des vorigen Jahrhunderts wird der Bogen bis zum Ende des Deutschen Kaiserreichs gespannt; in diesem langen Zeitabschnitt schälte sich ein Handlungsmuster der politischen Justiz heraus, das für die Kriminalisierung jener Systemopposition verantwortlich ist, deren Träger die sich politisch und sozial formierende Arbeiterschaft war. ›Klassenjustiz‹ lautet gemeinhin der Vorwurf, den man der politischen Justiz auch für die Zeit nach 1918 macht. Ihr schwieriges Agieren auf dem Hintergrund des Polit-Terrors in den zwanziger Jahren wird ausführlich geschildert und auch ihre Rolle beim Untergang der Weimarer Republik. Die Verbrechen des Nationalsozialismus waren Verbrechen eines Staates, der vor einer brutalen Manipulation des materiellen politischen Strafrechts ebensowenig zurückschreckte wie vor einer Preisgabe dessen, woran die politische Justiz in Deutschland, auch in ihren dunkelsten Stunden, immer festgehalten hatte: der Gewährleistung eines an das Recht gebundenen *Verfahrens* auch für den politischen Delinquenten.

›Justiz und Staatsverbrechen‹ ist ein Thema, das auch heute

noch zu den Tabuzonen der Rechtsgeschichte wie der allgemeinen Geschichte zählt. Diese Arbeit erschließt für die deutsche Justizgeschichte des 19. und 20. Jahrhunderts zentrale Überlieferungsstränge. Nicht um den Reiz des Unbekannten geht es bei den aus den Archiven hervorgeholten Gerichtsakten, Statistiken und Behördenschriftsätzen; an das Bekanntwerden mit einem problematischen Stück deutscher Geschichte knüpft sich vielmehr die Hoffnung auf einen Abbau jenes politischen Angstdenkens, das an die Substanz des demokratischen Rechtsstaats zu gehen droht und das in der politischen Kriminalität der Gegenwart seine Wurzel hat.

Essen, März 1982   *Dirk Blasius*

I. Politischer Terrorismus als Problem des demokratischen Rechtsstaats

1. Gegenwartsfragen und historische Perspektiven

Die Aktionen des Gewaltterrorismus in den siebziger Jahren haben die Selbstgewißheit der Bundesrepublik als eines demokratischen Rechtsstaats nachhaltig erschüttert. Der Einbruch offener Gewaltförmigkeit in die Sphäre der Politik hinterließ im politischen Bewußtsein eine tiefe Spur. Sie läßt sich deutlich an der Praxis einer veränderten Rechtspolitik ablesen. Diese ist in das Kreuzfeuer einer Kritik geraten, die Ansätze einer Denaturierung der rechtsstaatlichen Demokratie wahrzunehmen glaubt. Das Grundproblem bei der zum Teil erbittert geführten Kontroverse ist die Toleranzschwelle des Rechtsstaats gegenüber seinen Gewalt nicht scheuenden Gegnern. Setzt man mit verwaltungsbehördlichen, polizeilichen und vor allem strafgerichtlichen Maßnahmen nicht das aufs Spiel, was ein so mühsames Ergebnis der deutschen Geschichte gewesen ist: einen Staat, dessen Legitimität aus Grundrechtsverbürgungen, Minderheitenschutz, Gewaltenteilung und der Rechtsbindung aller Gewalt erwächst?

In der Tat muß der Blick auf die Diskrepanz zwischen der schmalen Basis des Terrorismus in der Bundesrepublik und der breiten und nachhaltigen staatlichen Reaktion zu einer tiefen politischen Nachdenklichkeit führen. Nicht die spektakulären terroristischen Aktionen haben die politische Szene, schon gar nicht die politischen Gewichte verändert, sondern jenes schnell und eng geknüpfte Netz justizieller Sicherheits- und Abwehrmaßnahmen. Der polemische Vorwurf gegen eine Politik der ›inneren Sicherheit‹ gipfelt in dem Schlagwort von der ›inneren Aufrüstung‹; die Rechtspolitik der Gegenwart habe sich vom freiheitsschonenden Einsatz staatlicher legaler Gewalt auf bedenkliche Weise abgewandt.

Die politischen Irritationen, die der Terrorismus im letzten

Jahrzehnt freigesetzt hat, wären sicherlich geringer, wenn jener Satz von Erfahrungen eine größere Rolle spielen würde, den ›Geschichte‹ als Maßstab sowohl für die Handlungen der Mächtigen und die sie begleitenden Rechtfertigungskonstruktionen wie auch für die Taten, Ziele, Absichten und Ideologien ihrer Opfer bereithält. In der Dramaturgie der Terrorismusbekämpfung heute ist die Erinnerung an die fatale Rolle, welche die ›politische Justiz‹ in der deutschen Geschichte gespielt hat, weitgehend gelöscht. Auch die Formen gegenwärtiger Gewaltkriminalität, deren angemaßter politischer Gehalt sich selbst liquidiert, werfen einen Mantel des Vergessens über die Vorreiterfunktion, die der ›politischen Kriminalität‹ beim Loshaken politischer und sozialer Erneuerungsschübe im 19. und 20. Jahrhundert zukam. Das historische Studium der politischen Kriminalität ist von der Wirkungsweise politischer Justiz in der Geschichte nicht zu trennen. Sie wird aufgrund von Strafrechtsnormen ausgeübt, die eindeutig und ausschließlich politische oder politisch intendierte Handlungen pönalisieren. Doch kein Bereich der Rechtspflege ist einer solchen geschichtlichen Erosion unterworfen wie der der politischen Strafjustiz. Otto Kirchheimer hat sie mit Recht als den »ephemersten aller Justizbereiche« bezeichnet; »die geringfügigste historische Verschiebung kann alles, was sie vollbringt, zunichte machen«[1].

Die Fragen, die die politische Justiz heute aufwirft, stellten sich auch schon in der Vergangenheit: Inwieweit und mit welchen Mitteln dürfen bestehende Gewalten die Unterwerfung und den Gehorsam derer erzwingen, die ihren moralischen Anspruch und ihre Zukunftsperspektive nicht teilen?

Mit dem Titelhinweis ›Justiz und Staatsverbrechen‹ soll der enge, wechselseitige Zusammenhang von politischer Kriminalität und politischer Justiz auf besondere Weise zum Ausdruck gebracht werden. Denn gerade in der deutschen Geschichte begegnen nicht nur Verbrechen *gegen* den Staat, sondern auch Verbrechen *des* Staats. An den historischen Längsschnitt durch ein problematisches Stück deutscher Justizgeschichte knüpft sich die Hoffnung auf einen Abbau politischen Angstdenkens heute. Zwar ist auch für den freiheitlichen Rechtsstaat der Einsatz von Gewalt unverzichtbar, wenn er die Funktionsfähigkeit seiner Organe garantieren und die Durchsetzung seiner Rechtsordnung sicherstellen will. Staatliche Gewaltanwendung aber bedeutet fast immer eine Schwächung der Legitimationsbasis des Staates. Eine differenzierte historische Analyse des Komplexes ›Staatsverbrechen‹ kann vielleicht mit dazu beitragen, die Argumente für einen differenzierten Einsatz staatlicher Gewalt zu stärken.

2. Der Begriff ›politische Kriminalität‹ und seine Geschichte

Der hier gewählte Blickpunkt der politischen Justiz unterläuft die uferlosen Debatten über die Frage »Politisch motivierte Kriminalität – echte Kriminalität?«[2] Die im Kern gegen Bestand und Verfassung des Staates gerichtete politische Kriminalität hat zweifellos einen anderen Motivationshintergrund als die Verletzung von Rechtsgütern des einzelnen (wie Leben und Gesundheit bei den Tötungs- und Körperverletzungsdelikten) oder als Verstöße gegen das Rechtsgut des Eigentums (wie bei den Diebstahlsdelikten). Doch ebenso wie bei der alltäglichen Kriminalität geht es bei der politischen um Taten, die eine bestehende Rechtsordnung mit Sanktionen belegt. Es gibt nicht nur eine politisch motivierte, sondern auch eine politisch definierte Kriminalität. Der Begriff der politischen Kriminalität gewinnt an Trennschärfe, wenn man auf die Verletzung von Strafnormen achtet, die sich der Staat zu seinem Schutz gegeben hat. Die Aktionen des heutigen Terrorismus sind kriminell; die ihnen zugrundeliegenden politischen Motive aber haben ihre Entsprechung in einer politischen Reaktion des Staates, für die die ›politische‹ Ausgestaltung des materiellen und formellen Strafrechts der Beleg ist.
Während in unserer Zeit politisch motivierte Straftaten ver-

schärften Sanktionen anheimzufallen scheinen, vermittelt die Geschichte des ›politischen Verbrechens‹ auf den ersten Blick ein in vielem anderes Bild. Es waren die Nachwirkungen der Französischen Revolution, die im 19. Jahrhundert zu einer vom Liberalismus favorisierten Zurückdrängung des strafrechtlichen Staatsschutzes führten. Der kriminelle Charakter politischer Verbrechen und Vergehen wurde weitgehend in Abrede gestellt. Die Wechselfälle des revolutionären Geschehens in Frankreich hatten das Bewußtsein für die sich in ›politischer Justiz‹ abbildenden Augenblicksinteressen der bestehenden Gewalten geschärft. Diese Erfahrungen lebten weiter, besonders in der juristischen Diskussion und dann auch in der rechtlichen Normierung ›politischer‹ Tatbestände[3]. Politische Kriminalität wurde nicht zu den natürlichen Delikten gezählt. Man wußte um die Rolle der Staatsgewalt bei der willkürlichen Konstruktion von Straftatbeständen. Politische Delikte wurden nicht auf den Bestand der Staatsgesellschaft bezogen, sondern nur auf deren veränderbare Grundlagen; ihnen wurden edle Motive unterstellt, da es letztlich nur um ein Aufbrechen abgelebter und verkrusteter Herrschaftsstrukturen zu gehen schien.

Vor diesem Hintergrund ist die Forderung nach einer Strafprivilegierung für den politischen Täter im 19. Jahrhundert zu sehen. Sie fand in gewisser Weise auch Eingang in die zeitgenössischen Strafrechtskodifikationen, wie sich am Strafinstitut der Festungshaft verdeutlichen läßt. Eine die Handlungsfreiheit begrenzende Einschließung sollte der Strafe für politische Delikte ihren diskriminierenden Charakter nehmen.

Die Sonderstellung des politischen Kriminellen ist eine Konstante im Strafrechtsdenken des 19. Jahrhunderts. Die Frage bleibt aber, ob sie es auch im Strafrechtshandeln des Staates gewesen ist. Zwar kann man einen Artikel aus »Brockhaus' Conversations-Lexikon« von 1886 als wichtiges Indiz für die Einstellung einer breiten, liberal geprägten Öffentlichkeit nehmen, doch der eigentliche Test für politische Toleranz gegenüber dem politischen Gegner ist die administrative und justizielle Praxis des Staates. Im Brockhaus werden »politische Verbrechen und Vergehen ... die unmittelbar gegen den Staat gerichteten Angriffe« genannt; »die öffentliche Meinung beurteilt jene in der Regel milder, weil sie erfahrungsgemäß keineswegs immer aus einer gemeinen, sondern oft sogar aus einer sehr uneigennützigen, selbstverleugnenden Gesinnung hervorgehen, die sich nur entweder in ihren Zwecken oder wenigstens in den Mitteln vergriff, indem sie statt der gesetzlichen ungesetzliche wählte; teils weil sogar diese Ungesetzlichkeit bisweilen durch Ungesetzlichkeiten der die Strafgewalt besitzenden, deshalb aber frei ausgehenden Machthaber herausgefordert wird«[4]. Die Idylle eines gegenüber dem politischen Täter nachsichtigen Jahrhunderts ist jedoch eine Fata Morgana. Der Oberflächenanblick gesetzlicher Bestimmungen reicht nicht aus, um die gesellschaftliche Wirkungsweise von Recht und vor allem auch Rechtsanwendung abzuschätzen. Die ›Justizmaschine‹ hat in den Gerichten ihren Antriebsmotor; so ist es die Rolle der Gerichte im politischen Kampf, der nachgegangen werden muß. Den letzten Verästelungen und vielfach nur geringfügigen Veränderungen in der Strafrechtsdogmatik kommt in dieser Hinsicht weniger Bedeutung zu.

3. Gewalt und Gegengewalt in der Sprache des 19. Jahrhunderts

In der deutschen Geschichte des 19. Jahrhunderts begegnen Problemlagen, die denen unserer Zeit nicht unähnlich sind. Zwar ging es damals nicht um eine Gefährdung oder Selbstgefährdung der rechtsstaatlichen Demokratie, wohl aber auch schon um die Pervertierung eines rechtsstaatlichen Verfassungslebens zur rechtlich enthemmten gouvernementalen Aktion. Es gibt viele Beispiele für die Überdehnung des staatlichen Sicherheitsschutzes in Zeiten wirklicher oder auch nur vermeintlicher Staatsgefährdung. Und es gibt die Sprache der

Gewalt, deren Pathos mehr in Verzweiflung als in Willenskraft gründet. So wollen auch Georg Büchners Worte von 1833 historisch eingeordnet werden, befragt werden auf das, was sie veranlaßt hat, und auf das, was sie bewirkt haben. Festgemacht an den politischen und sozialen Strukturen des Restaurationszeitalters sowie an den wirklichen Erschütterungen dieser Zeit, kann Büchners Apologie der Gewalt kaum zum rhetorischen Rechtfertigungsschatz heutiger pseudorevolutionärer Aktionen gehören. »Meine Meinung ist die«, schrieb Büchner an seine Familie: »Wenn in unserer Zeit etwas helfen soll, so ist es Gewalt. Wir wissen, was wir von unseren Fürsten zu erwarten haben. . . . Man wirft den jungen Leuten den Gebrauch der Gewalt vor. Sind wir denn aber nicht in einem ewigen Gewaltzustand? Weil wir im Kerker geboren und großgezogen sind, merken wir nicht mehr, daß wir im Loch stecken mit angeschmiedeten Händen und Füßen und einem Knebel im Munde. Was nennt Ihr denn gesetzlichen Zustand? Ein Gesetz, das die große Masse der Staatsbürger zum fronenden Vieh macht, um die unnatürlichen Bedürfnisse einer unbedeutenden und verdorbenen Minderzahl zu befriedigen? Und dies Gesetz, unterstützt durch eine rohe Militärgewalt und durch die dumme Pfiffigkeit seiner Agenten, dies Gesetz ist eine ewige, rohe Gewalt, angetan dem Recht und der gesunden Vernunft, und ich werde mit Mund und Hand dagegen kämpfen, wo ich kann«[5].

Gewalt, Gewaltmißbrauch und Gewaltbekämpfung, dieses alte geschichtliche Problem stellt sich historisch immer neu, und es ist die Aufgabe des Historikers, in seinem Urteil über Recht und Unrecht auch die Dimension von Gerechtigkeit aufzutun. Das aber erfordert ein genaues Ausleuchten der Mechanismen der politischen Justiz; ohne diesen Bezugspunkt erschiene politische Kriminalität als ein Akt bloß subjektiver Willkür oder Verirrung. Eine Basisdefinition von politischer Justiz hat Otto Kirchheimer gegeben: »Von politischer Justiz ist die Rede, wenn Gerichte für politische Zwecke in Anspruch genommen werden, so daß das Feld politischen Handelns ausgeweitet und abgesichert werden kann. Die Funktionsweise der politischen Justiz besteht darin, daß das politische Handeln von Gruppen und Individuen der gerichtlichen Prüfung unterworfen wird. Eine solche gerichtliche Kontrolle des Handelns strebt an, wer seine eigene Position festigen und die seiner politischen Gegner schwächen will«[6].

Diese Anmerkungen zur politischen Justiz haben einen hohen heuristischen Wert für die Erscheinungsformen von politischer Kriminalität in der deutschen Geschichte. Sie richten den Lichtkegel nicht nur auf das schmale Rinnsal des politischen Attentats, sondern ebenso auf den breiten Strom staatlich induzierter Kriminalisierung des politischen Gegners. Der Nationalsozialismus stellte jede nicht von der monopolistischen Staatspartei initiierte politische Betätigung unter Strafe, und auch Bismarck beherrschte das Instrumentarium justizieller Stigmatisierung. Der erste Kanzler des Deutschen Kaiserreichs war zu klug, den europäischen Anarchismus mit der deutschen Sozialdemokratie zu verwechseln; aber er war unverfroren genug, sämtliche Register der Demagogie bei dem Versuch zu ziehen, mit Hilfe anarchistischer Gewalttaten die Arbeiterbewegung politisch auszuhebeln.

Als es 1884 um die Verlängerung des Sozialistengesetzes ging, wußte Bismarck Bemerkenswertes über die Situation in Rußland zu sagen, dem Ursprungsland des Anarchismus in Europa. »Um die sozialistische Frage, um die Arbeiterfrage handelt es sich in Rußland gar nicht; der Arbeiter in Rußland ist gut kaiserlich und schlägt den Nihilisten tot, wenn es ihm erlaubt wird – die Nihilisten bestehen aus ganz anderen Leuten als aus Arbeitern; und die Lieblingsredensart renommistischer Demokraten, die vom ›Massenschritt der Arbeiterbataillone‹ reden, ist dort nicht glaublich; – wenn die Arbeiterbataillone in Rußland auftreten, ist es mit den Nihilisten vorbei. Die Nihilisten bestehen aus dem Abiturientenproletariat, aus halbgebildeten Leuten, aus dem Überschuß, welchen die gelehrte Bildung der Gymnasien dem bürgerlichen Leben zuführt, ohne daß dieses die Verdauungskraft für diesen Über-

schuß hätte – sie vermag ihn nicht aufzunehmen, und Sie finden, daß universitätsreife Abiturienten, die sich als Primaner eine Zukunft an der Spitze des Gemeinwesens als Gouverneure und hohe Würdenträger träumten, bald nachdem ihre Stipendien ausgegangen waren, froh sind, wenn sie einen Nachtwächterdienst oder etwas Derartiges finden. Es ist die Überproduktion an halbgebildeten Leuten, die in Rußland die nihilistische Wirkung hat. . . . So himmelweit sind die Verhältnisse dort verschieden; – der russische Nihilismus ist mehr eine klimatische Abart des Fortschritts als des Sozialismus«[7].
Diese Einsichten hinderten Bismarck keineswegs, seine Unterdrückungspolitik gegenüber der Sozialdemokratie mit dem Hinweis auf deren Gewaltcharakter zu begründen. Politische Strafjustiz sicherte im Deutschen Kaiserreich in der Tat die Position und den Handlungsspielraum der politisch Mächtigen ab. Selbst in der Stunde seines erzwungenen Abschieds hielt Bismarck an seinem imaginären Feindbild fest. 1889 sprach er sich in einem Votum an das Preußische Staatsministerium für den Fortbestand des Sozialistengesetzes als eines ›Ausnahmegesetzes‹ aus. »Das Wesen der Sozialdemokratie besteht darin, daß sie die staatliche Ordnung negiert. Daraus ergibt sich für den Staat das Recht und die Pflicht, seinerseits die Sozialdemokratie nicht nur in ihren Wirkungen, sondern in ihrer Berechtigung zur Existenz im Staate zu bekämpfen. Dieselbe befindet sich mit dem Staate im Kriegszustande, und der Staat ist befugt und seinen gegen die Sozialdemokratie schutzbedürftigen Angehörigen gegenüber verpflichtet, sie nach Kriegsrecht zu behandeln. So wenig der in das Land einfallende Feind auf den Schutz des einheimischen Rechtes Anspruch hat, ebensowenig kann vom Staate gefordert werden, daß er die auf seinen Umsturz gerichteten Bestrebungen der Sozialdemokraten unter den Schutz seiner Gesetze nehme«[8].
Diese von Bismarck über zwei Jahrzehnte durchgehaltene Position war der Freibrief für eine auf die Zähmung des politischen Gegners abzielende politische Justiz. Es wird zu schildern sein, ob und inwieweit die Gerichte die ihnen zugemutete

Rolle angenommen haben. Denn das staatliche Unterdrükkungskalkül muß sich nicht unbedingt in die Praxis staatlicher Unterdrückungsmaßnahmen ungebrochen umsetzen.

Die Gegner Bismarcks wußten um die Strategie ihrer Bekämpfung. Der Sozialdemokratie das Etikett der Gewalt anzuheften, war für Marx ein Stück politischer Infamie, dem er die Antwort nicht schuldig blieb. 1878 schrieb er an Engels: »Das Ausnahmegesetz wird gemacht, um der sozialdemokratischen Bewegung allen Schein der Legalität zu entziehn. Probatum est. Mettre hors la loi, war von jeher das unfehlbare Mittel, um regierungswidrige Bewegungen ›gesetzwidrig‹ zu machen und die Regierung vor dem Gesetz – la légalité nous tue – zu schützen«[9]. Die parlamentarische Verabschiedung des Sozialistengesetzes war für Marx der Anlaß, die tragende Argumentationsfigur von der ›anarchistischen Sozialdemokratie‹ auseinanderzunehmen. »Die ›Anarchisten‹-richtung ist kein ›Extrem‹ der deutschen Sozialdemokratie . . . Dort handelt es sich um die wirkliche historische Bewegung der Arbeiterklasse; die andere ist ein Phantombild der jeunesse sans issue, die Geschichte machen wollen, und zeigt nur, wie die Ideen des französischen Sozialismus in den hommes déclassés der höheren Klassen sich karikieren«[10].

4. Zur Traditionslinie von ›Staatsverbrechen‹

Büchner, Bismarck, Marx – sie sollten das Interesse an Problemlagerung und Problementwicklung von politischer Kriminalität im 19. Jahrhundert anstoßen, ein Interesse, das im 20. Jahrhundert seine Schwerpunkte in der Weimarer Zeit und in der Zeit des Nationalsozialismus hat. Da der Begriff der politischen Kriminalität durch ein spezifisch gegenwärtiges Vorverständnis auf politischen Mord eingeengt scheint, wird hier an den alten, juristisch ausgewiesenen Begriff des ›Staatsverbrechens‹ angeknüpft. Er enthält ein weites Spektrum gegen den Staat gerichteter Angriffe, das man unter die Lupe nehmen muß, um zu einer nüchternen Bilanzierung von ›politischer Kriminalität‹ in der deutschen Geschichte zu kommen.

Im Begriff des Majestätsverbrechens (crimen laesae majestatis) hat der des Staatsverbrechens seinen Vorläufer. Der durch Strafandrohungen gewährleistete Schutz bezog sich auf die Person und die Machtstellung des Landesherrn. Am Ende des 18. Jahrhunderts löste zuerst das juristische Denken die traditionellen perduellio- und majestas-Vorstellungen auf. Die Staatsphilosophie der Aufklärung färbte auch auf die forensische Begriffssprache ab. Nicht mehr das monarchische Staatsoberhaupt, sondern der Staat selber erschien als Schutzobjekt des politischen Strafrechts. 1783 wurde der Begriff ›Staatsverbrechen‹ zum erstenmal in einer preisgekrönten und weite Kreise ziehenden Abhandlung definiert. »Ich verstehe durch Staats-Verbrechen alle Beleidigungen der ganzen bürgerlichen Gesellschaft überhaupt. Diese bringen nun entweder sogleich unmittelbar die Zerstörung des Staats mit sich, oder sie greifen doch die Grundsäulen desselben an, und lassen daher eine grosse Zerrüttung befürchten, oder sie beleidigen nur gewisse Gerechtsame des Staats, welche zu dessen Zierde und Erhaltung dienen, oder es sind Entwendungen öffentlicher Güter und Einkünfte«[11]. Was die beiden Juristen Hans Ernst v. Globig und Johann Georg Huster anregten, fand Eingang in die zeitgenössischen Strafrechtskodifikationen: eine Erweiterung und zugleich Systematisierung der politischen Deliktsphäre. So beginnt das politische Strafrecht des Preußischen Allgemeinen Landrechts von 1794 zwar mit dem klassischen Delikt des Staatsschutzrechts, dem Hochverrat, überschreibt den diesbezüglichen Abschnitt aber »Von Staatsverbrechen überhaupt und vom Hochverrathe insbesondere«[12]. Zum ›Begriff‹ von Staatsverbrechen und Hochverrat führt das Landrecht aus: »Die freywillige Handlung eines Unterthans, durch welche der Staat oder dessen Oberhaupt unmittelbar beleidigt werden, heißt ein Staatsverbrechen. Ein Unternehmen, welches auf eine gewaltsame Umwälzung der Verfassung des Staats, oder gegen das Leben oder die Freyheit seines Oberhaupts abzielt, ist Hochverrath« (§§ 91, 92).

Der Begriff des Staatsverbrechens erlaubte eine Hierarchisierung von Straftatbeständen, die seit dem Allgemeinen Landrecht zum Kernbestand des politischen Strafrechts in Deutschland gehören. Neben dem Hochverrat sind das: ›Verbrechen gegen die äußere Sicherheit des Staats‹; ›Verbrechen gegen die innere Ruhe und Sicherheit des Staats‹ (hier u. a. ›Widerstand gegen die Obrigkeit‹ und ›Aufruhr‹); ›Verletzungen der Ehrfurcht gegen den Staat‹. Im Strafgesetzbuch für das Deutsche Reich vom Mai 1871 begegnet zwar eine andere Nomenklatur (z. B. ›Widerstand gegen die Staatsgewalt‹ [Abschnitt 6]; ›Verbrechen und Vergehen wider die öffentliche Ordnung‹ [Abschnitt 7]); das vom klassischen politischen Strafrecht geknüpfte feinmaschige Netz repressiver Möglichkeiten aber blieb weitgehend erhalten[13].

5. Politische Justiz und politische Kriminalität in der Geschichte der Bundesrepublik Deutschland

Staatsverbrechen von ihrer juristischen Einhegung und administrativen Behandlung und nicht primär von der motivationalen Seite her zu thematisieren legt besonders auch die jüngere deutsche Entwicklung nahe. Das Scheitern der Weimarer Republik und die das Recht vernichtende Gewaltherrschaft des Nationalsozialismus waren nach dem Zweiten Weltkrieg die maßgeblichen politischen Erfahrungsgehalte. Sie gingen in das Staatsschutzrecht des Strafrechtsänderungsgesetzes vom 30. August 1951 ein, das zwar in den klassischen Tatbeständen des Hoch- und Landesverrats an überliefertes Recht anknüpfte, aber auch der Rechtsidee der »streitbaren Demokratie« Rechnung zu tragen suchte. Die Linie, »den Feinden des Staates mit strafrechtlichen Mitteln wirksam entgegenzutreten«, war im Grundgesetz der Bundesrepublik Deutschland vorgezeichnet. Das Phänomen des Terrorismus war damals noch nicht existent. Die Errichtung volksdemokratischer Regimes in Osteuropa entfachte vielmehr ein vom Kalten Krieg noch zusätzlich geschürtes Klima der Unsicherheit und Befürchtungen. Der Staatsschutz der Bundesrepublik glaubte in den fünfziger Jahren, sich in der Abwehr des Kommunismus bewähren zu müssen. Umstrittenstes und zugleich sinnfälligstes Zeichen dieser Strafrechtspolitik war das vom Bundesverfassungsgericht am 17. August 1956 ausgesprochene Organisationsverbot gegen die KPD. Dieses Urteil, das in der juristischen Argumentation auf das Verbotsurteil gegen die Sozialistische Reichspartei (SRP) vom 23. Oktober 1952 zurückgriff, war fraglos ein Akt politischer Justiz. Die politische Auseinandersetzung mit dem Kommunismus wurde für über ein Jahrzehnt juristisch sistiert. Die Kriminalisierung der Anhänger und Mitglieder der KPD trug mit dazu bei, die Frage nach dem Inhalt und der Berechtigung ihrer politischen Anschauungen und Vorhaben zu verdrängen. Wenn der Antikommunismus zu einem der zentralen Legitimationsmuster für das politische System der Bundesrepublik in den fünfziger und frühen sechziger Jahren werden konnte, dann vor allem auch deshalb, weil ihm forensische Verstrebungen eingezogen wurden.

Die politische Justiz in den ersten beiden Nachkriegsjahrzehnten hatte ihren Anteil an der politischen Marginalisierung und sozialen Diskreditierung der Kommunisten. Dennoch war das KPD-Verbots-Urteil kein Willkürurteil. Seine Achse war die angenommene Bedrohung der demokratischen und nationalen Legitimität der Bundesrepublik Deutschland. Erstere wurde von der KPD dadurch in Frage gestellt, daß sie die Massen gegen die Institutionen zu mobilisieren suchte, indem sie z. B. dazu aufrief, die Beschlüsse von Verfassungsorganen zu mißachten und den »Sturz des Adenauer-Regimes« durch »revolutionäre[n] Kampf« vorzubereiten; als Angriff auf die nationale Legitimität der Bundesrepublik wurde deren Verächtlichmachung als »Kolonialregime« von Gnaden der Alliierten gewertet[14]. Die Problematik der Kommunistenverfolgung lag darin, daß schon damals keine Beispiele für Handlungen beigebracht werden konnten, deren praktische Auswirkungen tatsächlich eine meßbare Gefahr für die Verfassungsordnung der Bundesrepublik heraufbeschworen hätten. Es gab keine von Kommunisten begangene Gewalttaten, keine geheimen Waffenlager, keine Aufstandsversuche, keine Attentate und keine politischen Morde. Die von den Kommunisten ausgehende Gefahr wurde aus den von ihnen verfolgten Intentionen herausgelesen; sie war durch Handlungen kaum belegbar.

Die Kritik am KPD-Urteil war und ist in vielem berechtigt. Dennoch belegt die wohl gründlichste Analyse der nachkriegsdeutschen Justizpolitik, Alexander v. Brünnecks Buch über ›Politische Justiz gegen Kommunisten‹, daß auch bei der Kommunistenverfolgung die Substanz des Rechtsstaats gewahrt blieb. Dem staatlichen Verfolgungsanspruch waren rechtliche Grenzen gesetzt, der Schuldspruch setzte den Nachweis empirischer Tatbestände voraus, und auch die Sanktionszumessung hielt sich im Rahmen. »Die praktische Bedeutung der rechtsstaatlichen Form für die Kommunistenverfolgung bestand also in einem relativen Schutz vor willkürlicher und übermäßiger Verfolgung. Allein die grundsätzliche Geltung des rechtsstaatlichen Anspruchs bewirkte eine Begrenzung der Politischen Justiz. Gegenüber prinzipiell nicht rechtsstaatlich verfaßten Formen politischer Verfolgung, wie z. B. der des Nationalsozialismus, besteht somit eine strukturelle Differenz, ein qualitativer und nicht nur ein quantitativer Unterschied. Die Versuche der Kommunisten, die Politische Justiz der Bundesrepublik mit der des Nationalsozialismus auf eine Stufe zu stellen, verfehlen daher das Spezifische der Politischen Justiz in der Bundesrepublik«[15].

Die siebziger Jahre bedeuteten für die rechtsstaatlich verfaßte zweite Demokratie auf deutschem Boden eine vielleicht noch größere Herausforderung als das erste Nachkriegsjahrzehnt. Die Gewaltaktionen des politischen Terrorismus haben die Gefahr einer Formveränderung des Rechtsstaats heraufbeschworen. Das Volumen des politischen Strafrechts expandiert auf besorgniserregende Weise auf Kosten des Rechts; die Staatsräson scheint mit der Verfassungsräson der rechtsstaatlichen Demokratie in Widerstreit zu liegen. Die Erfahrung mit den Aktionen politischer Feindschaft, die vom Terrorismus ausgehen, hat das Recht aus seiner Normallage gebracht. »Es könnte sehr wohl sein, daß der Kampf gegen Kriminalität, Terrorismus und illegale Gewalt aller Art durch massiven Einsatz legaler Gewaltmittel in zahlreichen Einzelgefechten auf der ganzen Linie gewonnen wird, daß aber dabei letzten Endes der freiheitliche Rechtsstaat und mit ihm die ›innere Sicherheit‹ für alle Bürger doch verlorengehen«[16].

Die sechziger Jahre als Wasserscheide der bundesrepublikanischen Nachkriegsentwicklung hatten auch auf dem Feld der Rechtspolitik einen Liberalisierungsschub gebracht. Das Strafprozeßänderungsgesetz vom 19. Dezember 1964 sollte ein erster, wichtiger Schritt auf dem Wege zu einer kompletten Neugestaltung des Strafverfahrens sein. Es verbesserte die Rechtsstellung des Beschuldigten und des Verteidigers und schien den Durchbruch zu einem modernen, liberalen Strafverfahren zu bringen. Die Bekämpfung des Terrorismus mit den Mitteln des formellen und materiellen Strafrechts bereitete diesen zukunftsgerichteten Ansätzen ein schnelles Ende. Die Morde an Buback, Ponto und Schleyer führten zu einer Rückwärtsrevision nicht nur des politischen Strafrechts im engeren Sinne, sondern auch der angrenzenden Rechtsmaterien. Den tiefsten Einschnitt brachte zweifellos das sog. ›Anti-Terrorismusgesetz‹ vom 18. August 1976. Es bündelte im Hinblick auf eine durchschlagskräftigere Terrorismusbekämpfung Änderungen des Strafgesetzbuches, der Strafprozeßordnung, des Gerichtsverfassungsgesetzes, der Bundesrechtsanwaltsordnung und des Strafvollzugsgesetzes. Kernstück der materiell-strafrechtlichen Änderungen war die Einführung des Tatbestandes der Bildung terroristischer Vereinigungen (§ 129a StGB). Die dem § 129 StGB (kriminelle Vereinigung) nachgebildete Vorschrift sieht eine Vereinigung dann als terroristisch an, wenn ihr Zweck oder ihre Tätigkeit darauf gerichtet ist,

Tötungsdelikte, bestimmte Straftaten gegen die persönliche Freiheit oder gemeingefährliche Straftaten zu begehen. Die Gründung, Mitgliedschaft, Werbung oder Unterstützung einer Vereinigung im Sinne von § 129a wurden unter Strafe gestellt. Nicht diese Bestimmungen, wohl aber die mit ihnen einhergehenden Änderungen des Strafverfahrensrechts ließen den Vorwurf laut werden, daß der freiheitliche Rechtsstaat auf dem Wege sei, sich ›zu Tode zu schützen‹[17]. In der Tat griff das Gesetz von 1976 zentrale Rechtstitel des bestehenden Prozeßrechts an. Die prozessualen Rechte des Beschuldigten wurden geschmälert und die Befugnisse der Strafverfolgungsorgane durch zusätzliche Eingriffsermächtigungen erweitert. Erleichterte Verhängung der Untersuchungshaft, Überwachung des schriftlichen Verteidigerverkehrs und primäre Ermittlungszuständigkeit des Generalbundesanwalts sind hier die Stichworte. Die Schleyer-Entführung veranlaßte das sog. ›Kontaktsperrengesetz‹ vom 30. September 1977, das die vollständige Unterbrechung des Kontaktes zwischen inhaftierten Terroristen und der Außenwelt ermöglichte. Vorläufiger Abschluß des Abbaus erprobter Rechtsinstitute und verfahrensrechtlicher Garantien ist das Gesetz zur Änderung der Strafprozeßordnung vom 14. April 1978, das die Durchsuchungsbefugnisse der Behörden erweitert, die Verdachtsschwelle beim Verteidigerausschluß herabsetzt und beim mündlichen Verteidigergespräch in Verfahren nach § 129a StGB Trennscheiben vorsieht.

Die kontroverse Diskussion über eine allmähliche Auszehrung des Rechtsstaats entzündet sich nicht an der Notwendigkeit einer wirksamen Bekämpfung terroristischer Straftaten. Umstritten sind die eingeschlagenen Wege. Stellt sich der Rechtsstaat mit seinem gesetzlichen Maßnahmenkatalog ein Armutszeugnis aus, oder ist die Terrorismusbekämpfung die Stunde seiner Bewährung? Zweifellos ist dem ehemaligen Justizminister Vogel darin zuzustimmen, daß mit dem Phänomen des Terrorismus die gegen die Staatsordnung gerichtete kriminelle Energie in einer neuen Qualität begegnet. »Sein [des Terrorismus] Spezifikum ist der frontale Angriff gegen unseren Staat, das Vertrauen der Bürger in ihn, gegen die Wertordnung unserer Gesellschaft und gegen den Grundkonsens aller geistigen und politischen Kräfte, auf denen unsere Ordnung ruht«[18]. So zutreffend die Beurteilung der terroristischen Gefahr auch sein mag, für viele rechtfertigt sie nicht die massive Minderung rechtsstaatlicher Gewährleistungen. Dieser Disput verliert allerdings an Schärfe, wenn man aus der Erfahrung mit politischer Justiz in der deutschen Geschichte daran erinnert, daß die heutige Terrorismusbekämpfung, so schwere Probleme sie für den Rechtsstaat auch aufgeworfen hat, diesen in der Substanz *nicht* aufgibt. Der Terrorismus wird keiner Sondergesetzgebung unterstellt, die abgehoben von den allgemeinen straf- und strafverfahrensrechtlichen Normen wirksam wird. Die zitierten Gesetzesänderungen halten sich an die überkommene Systematik und Dogmatik des Strafrechts. Der Anspruch, auch dem einer terroristischen Straftat Verdächtigen einen fairen, rechtsstaatlichen Prozeß zu garantieren, kann kaum als juristisch-politische Falschmünzerei abgetan werden. Wer heute polemisch gegen die These zu Felde zieht, der Rechtsstaat versuche, auch gegenüber politischen Gewalttätern sich als Rechtsstaat durchzusetzen, hat ein nur kurzes historisches Gedächtnis. Der Rückgriff auf die lange Geschichte der politischen Kriminalität in Deutschland zeigt die Unbedachtsamkeit, mit der heute vielfach mit Begriffen wie ›Recht‹, ›Repression‹, ›Widerstand‹, ›Angst‹, ›Verzweiflung‹ usw. umgegangen wird, eine Unbedachtsamkeit, die eine rapide Entwertung eben dieser Begriffe zur Folge hat. Das mühsame Geschäft des Historikers dient der Maßstabgewinnung. Beide stehen auf dem Prüfstand der Geschichte: die Hüter des Rechts und seine Verletzer.

II. Politische Verbrechen
und Vergehen im Zeitalter der Restauration

1. Die Ausgangslage

Die Geschichte der politischen Kriminalität in Deutschland beginnt am Ende des 18. Jahrhunderts mit einer Politisierung des Verfassungslebens. Napoleon als einer der großen Usurpatoren der europäischen Geschichte hatte mit seiner Unterwerfungspolitik gegenüber den Staaten den Widerstand der Völker angereizt. Aus dem Bereich der Gesellschaft erwuchsen die Energien, die ihn zu Fall brachten. Das gesellschaftliche Leben aber ließ sich nach dem Zusammenbruch des sich über ganz Europa erstreckenden französischen Imperiums nicht mehr in seine vorrevolutionäre Ruhelage zurückführen. In den deutschen Staaten hatten die Befreiungskriege einen politischen Mobilisierungseffekt. Vor allem bildungsbürgerliche Schichten entwickelten Zukunftsperspektiven für eine neue staatliche und gesellschaftliche Ordnung. Es gab eine breite, bis in die Spitzen der Bürokratie reichende gesellschaftliche Strömung, die sich für eine enge Verzahnung der Verfassungsfrage mit der nationalen Einheitsfrage einsetzte. Doch die Schwerkraft der überlieferten Staatsordnung setzte sich nicht zuletzt aus Gründen der Machtsymmetrie gegenüber der Allianz des politischen Fortschritts durch. Die ›Heilige Allianz‹ war auf europäischer Ebene das, was 1815 die Deutsche Bundesakte für die deutschen Staaten mit Österreich und Preußen als den beiden Führungsmächten festschrieb: ein »beständiger Bund« zur Wahrung der überkommenen Beständigkeit, der »Ruhe und des Gleichgewichts Europas«, der »Erhaltung der äußeren und inneren Sicherheit Deutschlands« und der »Unabhängigkeit und Unverletzlichkeit der einzelnen deutschen Staaten«[1]. Aus der im Kampf gegen Napoleon entstandenen verfassungspolitischen Erneuerungsbewegung war eine oppositionelle Verfassungsbewegung geworden. Der Gegensatz zwischen monarchischen Staatserhaltungs- und konstitutionellen Staatsveränderungstendenzen bildet die den deutschen Vormärz durchziehende Konfliktlinie; sie verleiht der ›politischen Kriminalität‹ dieser Zeit ihre eigentümliche Signatur.

In der ersten Hälfte des 19. Jahrhunderts hatte die gegen das Restaurationssystem ankämpfende Oppositionsbewegung nur geringe Artikulationschancen. Sowohl die Zweiten Kammern in den süddeutschen Staaten wie die Preußischen Landstände waren staatlich domestizierte Gremien. Zwar waren im Unterschied zu Preußen die Kammern in Bayern, Württemberg und Baden am Gesetzgebungsverfahren beteiligt, eine gestaltende Rolle im politischen Leben aber spielten auch sie nicht. Es hängt mit der konstitutionellen Verarmung in dieser Zeit zusammen, daß der gesellschaftliche Veränderungswille das politische Fest zum Ort seiner Repräsentation wählte. Das Wartburgfest von 1817 und das Hambacher Fest von 1832 sind die großen Beispiele politischer Feiern, auf denen die zentralen Verfassungsbedürfnisse des Vormärz gegen die staatliche Autorität gewendet wurden. Politische und ökonomische Einheit Deutschlands; Ministerverantwortlichkeit; Gleichheit vor dem Gesetz; Öffentlichkeit der Rechtspflege; Schwurgerichte; Garantie der Meinungs- und Pressefreiheit – das waren die Forderungen. Sie fanden einen großen Widerhall in der Öffentlichkeit. Die politische Demonstration verlieh der liberalen Zielperspektive öffentlichen Rang.

Motor der gegen den Deutschen Bund gerichteten Aktivitäten war die studentische Jugend und ihre Organisationsform, die Burschenschaft. Aus dem Geist der Burschenschaft erwuchs auch der Plan, die Dreihundert-Jahrfeier der Reformation Martin Luthers und den Jahrestag der Leipziger Völkerschlacht in einem akademisch-politischen Festakt auf der Wartburg zu begehen. Die Erinnerung an die Befreiung von den Formen äußerer Kirchlichkeit und an die bei Leipzig erstrittene Befreiung von der äußeren Herrschaft hatte einen bewußten Gegenwartsbezug. Fünfhundert Teilnehmer feierten Geschichtliches, um Gegenwärtiges anzuprangern.

Die akademische Oppositionsbewegung hinterließ bei den bestehenden Autoritäten eine tiefe Irritation. Sie witterten Revolutionäres in dem bescheidenen Versuch, die politischen und vor allem auch die vom einzelnen konkret erfahrbaren rechtlichen Defizite des Restaurationssystems in den Raum der Öffentlichkeit zu stellen. In einem Klima der Verdächtigungen und Befürchtungen geschah das erste politische Attentat aus »Überzeugung« in Deutschland.

2. Der politische Mord an August v. Kotzebue

Der politische Mord wird immer mit kaum zu ergründenden Tiefenschichten der Persönlichkeit eines Attentäters zusammenhängen; er hat aber erst in den spezifischen Bedingungen einer Zeit seine Möglichkeit. Zum Kreis der damaligen studentischen politischen Avantgarde gehörte auch Karl Ludwig Sand, der am 23. März 1819 in Mannheim den Schriftsteller August v. Kotzebue ermordete. Kotzebue war eine Symbolfigur der die Gesinnungsschnüffelei perfektionierenden politischen Restauration. Der 1761 in Weimar geborene, umtriebige und durchtriebene Literat war 1807 in russischen Diensten zum Staatsrat avanciert; 1817 nach Weimar zurückgekehrt, stand er im Verdacht, Zuträger der russischen Regierung zu sein und die intellektuelle Szene an den deutschen Universitäten zu bespitzeln. Zu ihr gehörte der Attentäter. Sand, zur Zeit der Tat 23 Jahre alt, war Student der Theologie in Erlangen gewesen und später in Jena der Burschenschaft beigetreten. Er war kein Wirrkopf, doch durchdrungen von einer das politische Denken einnebelnden moralischen Rigorosität. Der Zweck heiligte für ihn jedes Mittel. Das Bekenntnis zur Überzeugungstat legte er auch in dem ihm gemachten Prozeß ab. Formuliert war es in der Schrift »Todesstoß dem August von Kotzebue«, die Sand bei sich trug, als er das Attentat verübte.

Das Todesurteil wühlte ebenso wie die Tat selber die Öffentlichkeit auf. Man war im weiten Spektrum der Restaurationsopposition bereit, der These von der Sonderstellung des ›Verbrechens aus politischer Überzeugung‹ zu folgen. Daß der Scharfrichter, ein guter pfälzischer Demokrat, Sand um Verzeihung bat, bevor er ihn am 20. Mai 1820 enthauptete, ist eine Anekdote, die Heinrich v. Treitschke festgehalten hat. Sand erschien vielen Zeitgenossen als Märtyrer der deutschen Einheit und Freiheit. Zu ihnen gehörte auch der Berliner Theologe Wilhelm de Wette, der in einem Brief an Sands Mutter die Reinheit der Überzeugung, die hinter dem ›politischen‹ Delikt gestanden habe, würdigte. »Der Irrtum wird aufgewogen durch die Lauterkeit der Überzeugung, die Leidenschaft wird geheiligt durch die gute Quelle, aus der sie fließt. Er hielt es für recht, und so hat er recht getan; ein jeder handle nur nach seiner besten Überzeugung, und so wird er das Beste tun. So wie die Tat geschehen ist durch diesen reinen frommen Jüngling, mit diesem Glauben, mit dieser Zuversicht, ist sie ein schönes Zeichen der Zeit. Ein Jüngling setzt sein Leben daran, einen Menschen auszurotten, den so viele als einen Götzen verehren; sollte dies ohne alle Wirkung sein?«[2]

Schon damals befand sich eine rein gesinnungsethisch argumentierende politische Theologie auf dem Holzweg. Die sittliche Rechtfertigung dieses politischen Gewaltakts ist ebenso frivol wie zutiefst unpolitisch, weil sie sich über die Wirkungen, die eine Tat heraufbeschwört, hinwegtäuscht. Sie verkennt den Zynismus der politisch Mächtigen, die Eiseskälte des politischen Geschäfts. Lapidar teilte Metternich am 9. April 1819, zwei Wochen nach der Mordtat Sands, Friedrich v. Gentz mit: »Meine Sorge geht dahin, der Sache die beste Folge zu geben, die möglichste Partie aus ihr zu ziehen«[3]. Die politische Überzeugungstat bewirkte nichts anderes als die massivste Verfolgung politischer Überzeugungen.

3. Politisches Aufbegehren
und politische Verfolgung im deutschen Vormärz

Die Ermordung des Schriftstellers v. Kotzebue war für die Staaten des Deutschen Bundes willkommener Anlaß, ihr Mißtrauen gegen die von den Universitäten ausgehende Oppositionsbewegung in harte gesetzgeberische Maßnahmen umzusetzen. Vom 6. bis 31. August 1819 fanden in Karlsbad Ministerkonferenzen statt, an denen zehn deutsche Regierungen teilnahmen. Das Ergebnis waren die »Karlsbader Beschlüsse«, ein Bündel von Gesetzen gegen die Universitäten, die Presse und »revolutionäre Umtriebe« im weitesten Sinne⁴. Eine »Central-Untersuchungs-Commission« wurde eingerichtet, die fast ein Jahrzehnt lang ihr Augenmerk auf »möglichst gründliche und umfassende Untersuchung und Feststellung des Tathbestandes, des Ursprungs und der mannigfachen Verzweigungen der gegen die bestehende Verfassung und innere Ruhe sowohl des ganzen Bundes, als einzelner Bundesstaaten, gerichteten revolutionären Umtriebe und demagogischen Verbindungen« richtete. Die Karlsbader Beschlüsse bedurften, wie alle Bundesgesetze, der landesrechtlichen Verkündung und Vollziehung. In Preußen geschah das im Oktober 1819 durch drei Vollzugsverordnungen, die die Repressionsdimension der Bundesgesetze noch klarer als diese selber zum Ausdruck bringen⁵. Eine scharfe Zensur für Zeitungen, periodische Blätter und literarische Werke, die sich »ausschließlich oder zum Theil mit der Zeitgeschichte oder Politik beschäftigen«, wurde eingeführt. Beabsichtigt war zwar, die »Untersuchung der Wahrheit« nicht zu behindern, doch in der Praxis verbannte die Preußische Zensur-Verordnung liberalen Geist in die Verliese der preußischen Gefängnisse. Ihr ›Unterdrückungszweck‹ war allumfassend: »was den allgemeinen Grundsätzen der Religion, ohne Rücksicht auf die Meinungen und Lehren einzelner Religionspartheien und im Staate geduldeter Sekten, zuwider ist«; »was die Moral und gute Sitten beleidigt, dem fanatischen Herüberziehen von Religionswahr-

heiten in die Politik und der dadurch entstehenden Verwir-
rung der Begriffe ... [dient]; endlich zu verhüten, was die
Würde und Sicherheit, sowohl des Preußischen Staats, als der
übrigen deutschen Bundesstaaten, verletzt. Hierher gehören
alle auf Erschütterung der monarchischen und in diesen Staaten bestehenden Verfassungen abzweckende Theorien ...«

Die geistig-politische Kirchhofsruhe, auf die die politische
Restauration abzielte, war sicherlich nicht nur Folge des Sand-
schen Attentats, aber dieses war für die Regierungen der Ein-
stieg in eine gegenüber dem politischen Gegner rigorose administrative und strafgerichtliche Praxis. Die intellektuelle Lunte
potentieller sozialer Bewegungen sollte ausgetreten werden.

Der Repressionskurs verschärfte sich, als 1830 die Julirevolution in Frankreich der jetzt immer stärker radikal-demokra-
tische Züge annehmenden deutschen Oppositionsbewegung
neuen Auftrieb gab. Aufruhrbewegungen in Braunschweig,
Hannover, Kurhessen und Sachsen unterstrichen den Charakter der Julirevolution als eines gesamteuropäischen Ereignis-
ses. Die erfolgreiche Machtübernahme des Bürgertums in
Frankreich stimulierte sowohl das erste Hochverratsunternehmen gegen den Deutschen Bund, den dann in sich zusammen-
gebrochenen ›Frankfurter Wachensturm‹ von 1833, wie die
weit weniger konspirative Zusammenkunft oppositioneller
Kräfte am 27. Mai 1832 in Hambach. Auch das Hambacher
Fest war ein »Akt der verfassungsoppositionellen Repräsentation« (E. R. Huber), getragen von der Leidenschaft politischen Veränderungswillens. Die Herausforderung der bestehenden Gewalten war größer geworden, weil sich die studentische Bewegung zu einer Volksbewegung auszuwachsen
schien, die ihre Kraft aus Spontaneität, Einfallsreichtum und
ersten politischen Organisationsversuchen zog.

Die Reaktion der Staaten des Deutschen Bundes entsprach
der Ausweitung politischen und sozialen Protests in den dreißiger Jahren des vorigen Jahrhunderts. 1833 wurde eine neue
Bundeszentralbehörde geschaffen, die die Umstände des »gegen den Bestand des Deutschen Bundes und die öffentliche

Ordnung in Deutschland« gerichteten ›Frankfurter Complotts‹ untersuchen sollte. In ›Zehn Artikeln‹ ergingen als repressiver Nachklang zum Hambacher Fest »Maßregeln zur Aufrechterhaltung der gesetzlichen Ordnung und Ruhe in Deutschland«[6]. Sie brachten ein allgemeines bundesgesetzliches Parteienverbot. »Alle Vereine, welche politische Zwecke haben, oder unter anderm Namen zu politischen Zwecken genutzt werden, sind in sämmtlichen Bundesstaaten zu verbieten und ist gegen deren Urheber und die Theilnehmer an denselben mit angemessener Strafe vorzuschreiten.« Die ›Zehn Artikel‹ hatten als Angelpunkt die Verfolgung »politischer Vergehen und Verbrechen«. »Die Bundesregierungen werden fortwährend die genaueste polizeiliche Wachsamkeit auf alle Einheimische, welche durch öffentliche Reden, Schriften oder Handlungen ihre Theilnahme an aufwieglerischen Planen kund, oder zu deßfallsigem Verdacht gegründeten Anlaß gegeben haben, eintreten lassen; sie werden sich wechselseitig mit Notizen über alle Entdeckungen staatsgefährlicher geheimer Verbindungen und der darin verflochtenen Individuen, auch in Verfolgung deßfallsiger Spuren, jederzeit auf's schleunigste und bereitwilligste unterstützen.«

Diese neuen ›Maßregeln‹ waren der Auftakt einer verschärften strafrechtlichen Verfolgung besonders der burschenschaftlichen Bewegung. Zuständig waren die Gerichte der Gliedstaaten des Deutschen Bundes. Es kam zu einer Welle politischer Strafverfahren. Gegen die Teilnehmer des Frankfurter Wachensturms wurden hohe Zuchthausstrafen ausgesprochen, und vor pfälzischen und bayerischen Gerichten hatten sich Hauptbeteiligte und Mitläufer an der Hambacher Kundgebung zu verantworten. Auch die preußische Strafjustiz griff hart durch. Ein Urteil des Kriminalsenats des Kammergerichts vom 4. August 1836 deklarierte studentische Verbindungen im Sinne der ›Zehn Artikel‹ als staatsgefährliche geheime Verbindungen mit hochverräterischen Zwecken und gab damit Höchststrafen für alle Studenten frei, die der Zugehörigkeit zu einer Burschenschaft an preußischen Universitäten verdächtig waren. Die Strafpraxis preußischer Gerichte in Hochverratssachen, für die nach einer Kabinettsordre von 1835 ausschließlich das Kammergericht in Berlin zuständig war, gehört nicht zu den Ruhmesblättern der preußischen Justiz. In dem erwähnten Urteil wurden gegen über zweihundert Burschenschafter Todesstrafen und lebenslange Freiheitsstrafen verhängt[7].

Doch die politische Justiz Preußens im Vormärz ist ein kompliziertes Gebilde. Willfährigkeit gegenüber der Politik begegnet ebenso wie eine juristisch ausgewiesene Distanzierung gegenüber politischen Zumutungen. Wenn ein Bürokratiezweig den liberalen Idealen des preußischen Reformzeitalters am längsten angehangen hat, dann war es zweifellos die Justiz. So scheint auch die Gerichtstätigkeit in der Folge des Hambacher Festes und der Bundesbeschlüsse von 1832/33 mehr Episode als Grundzug der preußischen Justizgeschichte in der ersten Hälfte des 19. Jahrhunderts zu sein.

4. Preußens politische Strafjustiz im Vormärz

Zwischen 1837 und 1847 wurden in Preußen nur neun Untersuchungen wegen Hochverrats eingeleitet[8]. Auch die Zahlen bei politischen Vergehen, vornehmlich durch die Presse begangen, halten sich in Grenzen: In demselben Jahrzehnt wurden 575 Untersuchungen wegen Majestätsbeleidigung (Verletzungen der Ehrfurcht gegen den Staat) geführt. Die Zahl der ›Verbrechen gegen die innere Ruhe und Sicherheit des Staats‹ war dagegen für die Strafjustiz schon eine größere Herausforderung, obwohl auch sie vor dem Hintergrund des ständig wachsenden sozialen und politischen Konfliktpotentials betrachtet werden muß. So gesehen waren zwischen 1836 und 1846 ›nur‹ 380 Verfahren wegen Aufruhr und Tumult anhängig. Die durch Mißernten verursachte große Nahrungskrise von 1846/47 und die durch eine schwere Finanzkrise des preußischen Staats eingeleitete Revolution von 1848 bedeuteten für die preußische Strafrechtspflege einen tiefen Einschnitt, auf den noch zurückzukommen sein wird.

Für die Zeit des Vormärz drängt sich der vielleicht überraschende Eindruck eines pfleglichen Umgangs mit der politischen Strafjustiz auf, die nicht nur an Sanktionsdrohungen, sondern auch am Sanktionsvollzug gemessen werden will. Hier können die Gerichte, ebenso Instanzen der Sozial- wie der Rechtskontrolle, eine wichtige Korrektivfunktion gegenüber den harten Bestimmungen des geltenden Strafrechts ausüben. Entscheidend ist ihr Selbstverständnis, und es spricht einiges dafür, daß in der ersten Hälfte des 19. Jahrhunderts die preußischen Gerichte den Tendenzen der preußischen Politik nur zögernd gefolgt sind.

Die These von der verhaltenen politischen Abstinenz der preußischen Justiz soll an einem Beispielfall aus der Zeit erläutert werden, in der sie am stärksten unter politischem Druck stand[9]. 1836 beunruhigte ein Revisionsurteil des Kammergerichts den preußischen Justizminister. Ein Unteroffizier und drei weitere Soldaten hatten in Berlin wegen Hochverrats vor Gericht gestanden. Der Hauptbelastete war in der ersten Instanz zum Tode, die anderen Angeklagten waren zu hohen Zuchthausstrafen verurteilt worden. Der Oberappellationssenat des Kammergerichts hatte diese Urteile kassiert. Er nahm im Berufungsverfahren nur den Versuch eines Verbrechens an und erkannte bei den Angeklagten auf mehrjährige Freiheitsstrafen.

Als ein »auf eine gewaltsame Umwälzung der Verfassung des Staats« gerichtetes Unternehmen konnten die Handlungen der Angeklagten auch schwerlich angesehen werden. Der Unteroffizier hatte Kameraden von dem Plan erzählt, »eine Revolution zu erregen«; ihm schien es damit »Ernst zu sein«, doch die Personen, die er angesprochen hatte, unterließen eine Anzeige vor allem deshalb, weil sie das Ganze für »ein abenteuerliches und unausführbares Unternehmen« hielten – für »lächerlich und dummes Zeug«, wie sie vor Gericht erklärten. Das erstinstanzliche Urteil schätzte die Gefährlichkeit dieses

Hochverratsversuchs nicht anders ein als das der zweiten Instanz; die »erhebliche Differenz« im Strafmaß ergab sich aus der unterschiedlichen forensischen Würdigung des *Versuchs*. Die erste Instanz schloß beim Hochverrat die Anwendung der Strafmilderung nach sich ziehenden »Theorie vom versuchten Verbrechen« aus; versuchter Hochverrat sei dem vollendeten gleichzustellen. Der Berufungssenat des Kammergerichts dagegen plädierte für eine das Tatgeschehen selber auslotende »differenzierte Beurteilung«.

In diesem Gerichtsstreit ging es um mehr als juristische Spitzfindigkeiten. Die Frage, die der preußische Justizminister in angeforderten Gutachten der preußischen Oberlandesgerichte klären ließ, ist eine Schlüsselfrage für die Einschätzung von Substanz und Profil der politischen Justiz im 19. und 20. Jahrhundert: »Bei welcher Grenze soll die ordentliche Strafe des Hochverrats verwirkt sein?« Die preußische Justiz der Vormärzzeit machte es sich mit einer Antwort nicht einfach. Es gab Widerlager gegen die Verführung, mit Hilfe der Strafjustiz den politischen Gegner mundtot zu machen. Die Kriminalisierung politischer Überzeugungen in der Bismarckzeit – und später, in der Zeit des Dritten Reichs, die psychische und physische Zermürbung und Vernichtung von Menschen, die den politischen Gleichschritt des Nationalsozialismus nicht mitmachten – sind Entwicklungen, die die Auszehrung jenes Fundus an juristischer Unabhängigkeit spiegeln, auf dem die preußische Vormärzjustiz trotz allem ruhte. Was nach der Jahrhundertmitte einer immer stärkeren juristisch-politischen Manipulation anheimfiel, wollten preußische Gerichte in den Jahrzehnten vor 1848 dem Zugriff der Politik entziehen: den Tatbestand des Hochverrats. Es ist schon vorstellbar, daß ihr selbstbewußtes Räsonieren über das schwerste Staatsverbrechen sich auch in ihrer Spruchtätigkeit bei weniger schweren Verbrechen gegen den Staat, bei den viel häufiger vorgekommenen »politischen Verbrechen und Vergehen« niedergeschlagen hat.

Auf eine differenzierte strafrechtliche Bewertung des hochverräterischen Unternehmens legte besonders das Oberlandesgericht Halberstadt in einem Gutachten aus dem Jahre 1836 wert[10]. Bemerkenswert ist, was das Gericht aus dem Tatbestand dieses Verbrechens ausgegrenzt wissen wollte: »Die Gesinnung, der Gedanke, ja selbst der Entschluß fallen nicht unter das Strafgesetz. Der Staat kann eine polizeiliche Aufsicht über verbrecherisch Gesinnte eintreten lassen, er hat die Pflicht, der Entstehung solcher Gesinnungen entgegenzuwirken, ja die Gesetzgebung kann in dieser Beziehung einschreiten und sonst erlaubte Handlungen durch positive Vorschriften zu Vergehen stempeln, aber zur Anwendung einer Strafe gehört stets, daß der Gedanke in eine Handlung übergegangen sey. Im Allgemeinen gilt nun zwar jede Äußerung des Gedankens als Handlung, und man könnte deshalb der Meinung seyn, daß schon das Aussprechen hochverrätherischer Absichten als vollendeter Hochverrat zu bestrafen sey, wenn nicht nach der Fassung des § 92 [ALR] in jedem Falle zu untersuchen wäre, ob die incriminierte Handlung als ein auf Umsturz der Staatsverfassung oder auf Leben und Freyheit des Königs abzielendes Unternehmen gelten könne«. Das Oberlandesgericht Halberstadt stützte in dem anstehenden Hochverratsfall die Argumentation der zweiten Instanz des Berliner Kammergerichts. Das geltende Recht ist der Berufungstitel bei dem Versuch, die Insinuation des Justizministeriums zurückzuweisen, aus dem Hochverrat ein politisches Gedankendelikt zu machen. Nicht auf der Inkriminierung der Gesinnung, sondern der Handlung wird bestanden.

Diese Behutsamkeit im Umgang mit den Hochverratsbestimmungen ging in der weiteren Entwicklung des politischen Strafrechts verloren. Recht und Rechtsanwendung wurden von einer politischen Praxis vereinnahmt, die die Grenzen des Hochverrats immer weiter jenseits des empirisch nachweisbaren Tatbestandes festlegte. Er aber sollte nach Ansicht maßgeblicher Stimmen innerhalb der preußischen Justizbürokratie im Mittelpunkt der Rechtsfindung stehen. »Besprechungen über politische Veränderungen sind an sich erlaubt«, betonte das Halberstädter Gericht gegenüber dem preußischen Justiz-minister. »Dadurch, daß bey solchen Besprechungen Ideen entwickelt werden, welche Pläne zu gewaltsamen Veränderungen der Verfassung anregen, werden sie verbrecherisch, aber solche Unterredung ist noch kein Unternehmen, durch welches die Theilnehmer den Umsturz der Verfassung beabsichtigen. Erst eine bestimmte Verabredung, ein Complott kann dafür gelten«.

Man setzte sich von seiten dieses Gerichts für die Prüfung »jedes einzelnen Falles« vehement ein und wollte die Sanktionszumessung von den jeweiligen Umständen abhängig machen. »Daß auch kindische hochverrätherische Unternehmungen vorkommen können« – diese Bemerkung war ein gezielter Seitenhieb gegen das Ministerium. Doch auch bei ernster zu nehmenden Angriffen auf die Verfassung wollte man den Grundsatz der Verhältnismäßigkeit gewahrt und Verfassungsänderungen »auf rechtlichem Wege« nicht juristisch abgeblockt wissen. Die Argumente eines preußischen Gerichts aus dem 19. Jahrhundert sind nicht nur von historischem Interesse; sie verdienen es, auch in unserer Zeit sorgsam bedacht zu werden. Denn die »Frage, was unter einer gewaltsamen Umwälzung der Verfassung des Staates zu verstehen sey«, ist heute genauso umstritten, wie sie es damals war. »Es leuchtet ein, daß der Versuch, die Änderung einer Verwaltungsmaßregel, ja eines Gesetzes auf gewaltsamem Wege zu erlangen, z. B. die häufig vorgekommenen Auflehnungen der Handwerksgesellen, nicht unter den Begriff des Hochverraths fallen. Welche Theile der bestehenden Ordnung der Dinge aber zum Wesen der Verfassung gehören (wie z. B. unstreitig die monarchische Regierungsform, die Thronfolgeordnung), das darf nicht bey Bestimmung des Begriffes des Hochverrathes festgesetzt werden, weil dieser Begriff unverändert bleiben kann und dürfte, wenn auch wesentliche Theile der Verfassung auf rechtmäßigem Wege geändert würden«.

Auch Gerichte, die der Anregung des Ministeriums folgten und den versuchten Hochverrat dem vollendeten gleichstellten, entwickelten eine eigenständige juristisch-politische Argumentation. Das Königsberger Oberlandesgericht beschäftigte sich ausführlich mit dem »Begriff der Gefahr«[11]. Es sah eine Überforderung auf den Richter zukommen, wenn er für den Staat gefährliche Situationen erkennen solle, schloß also »Gefährlichkeit« als Strafmilderungs- oder Strafverschärfungsgrund aus. Doch die Pointe lag in der Begründung der Ansicht, auch den versuchten Hochverrat als »gefährlich« einzustufen und auch bei ihm auf die ordentliche Strafe zu erkennen.

Hier eine längere, hintergründige Passage aus dem Votum der Königsberger Richter: »Die Hauptfrage ist nicht die, eine wie geschickte Hand den Funken anschlage, sondern welches Brennmaterial sich in seiner Nähe befinde. Hierauf also hätte der Richter seine Aufmerksamkeit zu wenden; sein Urtheil müßte aussprechen, ob revolutionärer Brennstoff in seinem Vaterlande vorhanden sey oder nicht; in dessen Ermangelung auch der am höchsten gestellte Beamte den Hochverrath vergebens versuchen würde; während da, wo die Revolution hinreichend in den Gemüthern verbreitet ist, ein aufrührerischer Ruf eines Kindes oder Bettlers sie zum Ausbruch zu steigern genügen kann. Es leuchtet aber ein, daß die Entscheidung der Frage, die hiernach dem Richter in jedem Hochverraths-Prozeß vorliegen würde, je schwieriger sie ist, ein um so weiseres sachverständiges Urtheil voraussetzen würde, zu dem politische und historische Studien den Richter zufällig im einzelnen Falle befähigen können, ohne daß man indessen irgend befugt wäre, die Qualifikation dem Richteramt als solchem zuzusprechen. Und wenn nun im Allgemeinen die Geschichte lehren dürfte, daß die Aufhäufung revolutionärer Stoffe nicht selten auf Fehler der Regierungen als auf ihre Quelle reducirt werden kann, so müßte der Richter in der Regel, bei Motivierung eines Urtheils in Hochverratssachen, zum Kritiker der Verwaltung und Regierung seines Landes werden, und somit möglicherweise, bei der Würde und dem Ansehen seines Amtes, durch sein Erkenntniß denselben gefährlicher werden, als das hochverrätherische Unternehmen, das er darin straft«.

Preußische Justiztraditionen gehören nicht nur ins Souterrain einer Geschichte der politischen Kriminalität in Deutschland. Diese begegnet in der Zeit des Vormärz als politische Gesinnungs- und Sozialkriminalität und weniger als eine Kriminalität der politischen Tat. Darüber können auch spektakuläre Ereignisse wie das Sandsche Attentat oder der Frankfurter Wachensturm nicht hinwegtäuschen. Sie erleichterten nur den Vertretern der Restauration die Verschärfung ihrer Unterdrückungspolitik. Ob die Strafjustiz sich vollständig hat einspannen lassen, bleibt zweifelhaft. Jedenfalls hatten die Richter, die dem preußischen Justizminister so Kluges über die Dialektik ihres Geschäfts mitzuteilen wußten, auch in Presse- und Aufruhrvergehen zu urteilen.

5. Politische Kriminalität und politische Justiz in der Revolution von 1848/1849

Der ›revolutionäre Brennstoff‹ mehrte sich in den vierziger Jahren des vorigen Jahrhunderts beträchtlich. Der Ausbruch der Revolution von 1848 hatte ebenso mit sozialer Not wie mit politischen Versagungen zu tun. Die im Vorfeld dieser Revolution liegende schwere Agrarkrise führte gerade im Agrarstaat Preußen zu einem Anschwellen der Hungerrevolten. Während 1846 noch 36 Verfahren wegen Tumult und Aufruhr eingeleitet wurden, waren es 1847 600[12]. Hatte der Protest in diesem Jahr der Not eine primär sozialökonomische Komponente, brach sich nach den Märzereignissen des Jahres 1848 der über Jahrzehnte gezähmte politische Veränderungswille Bahn.

Noch 1845 hatte die preußische Administration einen letzten Versuch der Niederhaltung der breiten gesellschaftlichen Oppositionsströmung unternommen[13]. Man brachte die Repressionsgesetze der dreißiger Jahre erneut in Erinnerung und verpflichtete Polizei- und Justizbehörden, »Volks-Versammlungen und Volksfeste, sofern dies im Interesse der öffentlichen Ruhe, Sicherheit und Ordnung nöthig erscheint, zu untersagen und diesem Verbote nöthigenfalls durch Zwangs- und Straf-Mittel Nachdruck zu geben«.

Anlaß zu diesem verschärften Kurs war kein bestimmtes Ereignis gewesen, sondern die allgemeine politische Stimmungslage. Das preußische Innenministerium beschrieb sie so: »Der erhebliche, in stetem Wachsen begriffene Umfang, welcher in neuerer Zeit das Bestreben gewonnen hat, die Fragen des Tages, sowohl auf den Gebieten der Politik und Religion als der socialen Verhältnisse, zum Gegenstande der Erörterung in massenhaften, aus Personen aller Stände und Bildungsstufen zusammengesetzten Versammlungen zu machen, hat, in Verbindung mit den oppositionellen und aufregenden Tendenzen, welche dabei theils wirklich hervorgetreten sind, theils, nach unverkennbaren Symptomen, wenigstens im Keime vorhanden waren, die Verwaltung bestimmt, derartige Versammlungen bis auf Weiteres ganz zu untersagen«.

Der Ausbruch der Revolution im März 1848 ließ das ausgeklügelte Ordnungs- und Sicherheitssystem des Deutschen Bundes in sich zusammenfallen. Was in der Zeit des Vormärz unter zum Teil massivem Einsatz der Polizei- und Justizapparate hatte gestundet werden können, die Verfassungsfrage als Frage der liberalen Neuordnung von Staat und Gesellschaft, stand nun auf der Tagesordnung. Die tiefe Verunsicherung der bestehenden Gewalten durch die sie überwältigende revolutionäre Situation ist am Umfang der von ihnen gemachten Zugeständnisse ablesbar. In Preußen wurde Ende März das liberale Ministerium Camphausen gebildet und für Mai eine gesamtstaatliche parlamentarische Versammlung nach Berlin einberufen. In diesen Monaten des Aufbruchs fielen auch die Eckpfeiler des preußischen Restaurationssystems. Eine »Verordnung über einige Grundlagen der künftigen Preußischen Verfassung« vom 6. April 1848 schien den Abschied von der lange praktizierten Kriminalisierung freiheitlicher Bestrebungen zu besiegeln[14]. Die »Freiheit der Presse« wurde ebenso garantiert wie die Versammlungsfreiheit. »Alle Preußen sind berechtigt, sich friedlich und ohne Waffen ... zu versammeln, ohne daß die Ausübung dieses Rechtes einer vorgängigen polizeilichen Erlaubnis unterworfen wäre. ... Alle, das freie Versammlungsrecht beschränkenden, noch bestehenden gesetzlichen Bestimmungen werden hiermit aufgehoben«. Den »künftigen Vertretern des Volks« wurde das Steuerbewilligungsrecht, Drehscheibe parlamentarischer Kompetenz, zugestanden; auch kehrte man bei politischen Verbrechen zum Grundsatz des gesetzlichen Richters zurück. Die Sonderstellung des Berliner Kammergerichts in diesen Verfahren wurde aufgehoben. »Die Untersuchung und Bestrafung aller Staatsverbrechen erfolgt fortan durch die ordentlichen Gerichte und es wird jeder durch Ausnahmegesetze dafür eingeführte besondere Gerichtsstand hierdurch aufgehoben«.

Die Liberalisierung des politischen Strafrechts in Preußen, das als wichtigster deutscher Einzelstaat eine besondere Aufmerksamkeit verdient, hätte eigentlich einen Rückgang der politischen Kriminalität zur Folge haben müssen. Die Zahl der neu eingeleiteten Untersuchungen wegen politischer Vergehen und Verbrechen belegt aber das Gegenteil. War 1847 ein Hochverratsverfahren anhängig gewesen, wurden 1848 20 und 1849 57 geführt[15]. Pressedelikte hatten an Verfahren wegen Majestätsbeleidigung den Hauptanteil; hier die Zahlen dieser während der Revolutionsjahre eingeleiteten Verfahren: 1847 – 62; 1848 – 265; 1849 – 552. Auch die einen immer stärker politischen Charakter annehmenden Aufruhrdelikte pendelten sich auf einer, gemessen an der Zeit des Vormärz, ungeahnten Höhe ein: 1845 – 35; 1847 – 600; 1848 – 643; 1849 – 655.

Sind diese Zahlen der empirische Ausweis der auch damals schon zu hörenden konservativen These von der kriminellen Selbstgefährdung bürgerlicher Freiheiten? Oder, aus heutiger Sicht formuliert: Sind es gerade die rechtsstaatlichen Verbürgungen, die dazu verleiten, den Rechtsstaat gewaltsam aus den Angeln zu heben? Auch an den Spannungspunkten der deutschen Geschichte waren erkämpfte Freiheiten permanent vom Rückfall bedroht. Überbordende Demokratie hat es nie gegeben, auch nicht in den bewegten Jahren 1848/1849. Die angeführten Zahlen beziehen sich auf die im Laufe eines Jahres eingeleiteten Untersuchungen. Man muß sich den Verlauf der Revolutionsjahre im einzelnen ansehen, um hinter das zu steigen, was sie erklärt.

Nicht die rhetorische Meisterschaft der Frankfurter Nationalversammlung hat das Schicksal der Revolution von 1848/1849 entschieden, sondern das große konservative Atemholen der Regierungen, als sich der erste revolutionäre Sturmwind gelegt hatte. Polizei und Justiz wurden schon wenige Monate nach Ausbruch der Revolution zu ihrer Niederhaltung angetrieben. Politische Verbrechen und Vergehen wurden nicht verstärkt begangen, sondern verschärft verfolgt. Die Reaktion erwuchs aus der Revolution.

Noch bevor im November 1848 das konservative Ministerium des Friedrich Wilhelm Graf v. Brandenburg die Amtsgeschäfte in Preußen übernahm und noch bevor im Dezember desselben Jahres die Oktroyierung einer preußischen Verfassung die autoritäre Wende signalisierte, leiteten Ministerialerlasse der obersten preußischen Behörden ungeschminkt ein Kappen der revolutionären Bewegung ein. Anfang Oktober 1848 schrieb der preußische Innenminister an die Regierungspräsidenten: »Unser Wahlspruch sei, Schutz und Förderung der gesetzlichen Freiheit, Unterdrückung der Anarchie, mag diese aus revolutionären oder reaktionären Bestrebungen hervorgehen«[16]. Der Inhalt dieses Erlasses ließ wenig Zweifel darüber aufkommen, wer gemeint war. »Die freie Presse und das Recht der freien Vereinigung sind gemißbraucht worden, um die gesetzliche Ordnung zu stören und anarchische Zustände herbeizuführen«. Man wollte zwar »auf dem konstitutionellen Wege fortschreiten«, doch auch für die Unterbehörden sollte die »Verpflichtung« im Vordergrund stehen, »einem solchen Mißbrauche dieser Freiheiten, welcher Einschüchterung, Knechtschaft und Umsturz im Gefolge hat, mit aller Kraft und

Energie entgegenzutreten«.

Die Grundsätze über die künftige Verfassung Preußens vom April 1848 waren schnell in Vergessenheit geraten. Die »ernste Mahnung« des Innenministeriums an die Königlichen Regierungen, »in dieser bewegten Zeit gegen alle Verbrechen und Vergehen, namentlich aber gegen die, welche durch den Mißbrauch der freien Presse oder des Versammlungsrechtes verübt werden«, vorzugehen, wurde prompt befolgt.

Die Rückwärtsrevision erstrittener Freiheiten war eine konzertierte Aktion der preußischen Behörden. Der preußische Justizminister trieb, ebenfalls im Oktober 1848, in einem Erlaß an sämtliche Gerichtsbehörden die kaum kaschierte Politik der starken Hand weiter voran[17]. »Kräftige Wahrung und Ausbildung der unserem Volke verliehenen Freiheiten und entschiedene Zurückweisung aller revolutionären Bestrebungen soll Hand in Hand gehen mit der vom ganzen Lande geforderten Steuerung der Anarchie und Ungesetzlichkeit. Schwere Ausbrüche eines solchen anarchischen Treibens, durch welches die wahre Freiheit am meisten gefährdet wird, sind in jüngster Zeit an mehreren Orten vorgekommen, insbesondere ist auch die freie Presse und das Recht der freien Vereinigung gemißbraucht worden, um die Ordnung zu stören, zur Verweigerung rechtlich noch bestehender Leistungen aufzufordern und zur gewaltsamen Empörung aufzureizen«. Auch der Justizminister zwang seine Behörden auf den alten Repressionskurs zurück. Er stieß dabei jedoch auf Schwierigkeiten. Das liberale Erbe der preußischen Justiz wirkte auch in der Revolution von 1848/1849 weiter. Der Oberpräsident der preußischen Provinz Westfalen monierte Anfang Dezember 1848 ziemlich ungehalten das Verhalten der Justizbeamten[18]. Sie seien es, »die als Leiter und Redner in den Volksversammlungen sich hervorthun und gerade durch ihren amtlichen Charakter und ihre Gesetzeskunde doppelt gefährlich werden. Letztere schützt sie selbst in den meisten Fällen gegen Übertretung positiver Strafbestimmungen, während ersterer dazu beiträgt, ihrem freisinnigen und aufregenden Reden und Wirken bei den unteren Klassen Einfluß und Erfolg zu sichern«. Das schlesische Oberlandesgericht Glogau bestätigte im Januar 1849 die partielle politische Unzuverlässigkeit der Justiz[19]. Es wußte von einzelnen Justizbeamten zu berichten, die sich »seit den Märztagen unausgesetzt der extremen Richtung« hingäben und sich nicht scheuten, auf Volksversammlungen aufreizende Reden zu halten. Einer sei dabei sogar »mit einer rothen Mütze auf dem Kopfe und unter Vortrag einer rothen« Fahne« ertappt worden.

Sicherlich waren das Einzelfälle, die jedoch das Justizministerium nicht ohne Grund als Ausdruck einer latenten Oppositionshaltung des Justizapparates bewertete. »Mit besonders tiefem Bedauern«, schrieb der preußische Justizminister im Dezember 1848 an die Präsidenten der Oberlandesgerichte, »habe ich aus einzelnen Berichten der Landes-Behörden sowie aus öffentlichen Blättern erfahren müssen, daß auch einzelne Beamte der Justiz, uneingedenk ihrer besonderen Berufs-Pflichten, theils sich haben hinreißen lassen, offenbar gesetzwidrige Handlungen zu begehen, theils nicht den Muth und die Unerschrockenheit gezeigt haben, womit allein dem Terrorismus mit Erfolg entgegenzutreten war«[20]. Dieses Dokument vom 8. Dezember 1848 dürfte eines der ersten Behördenschriftstücke sein, das den Begriff des Terrorismus enthält. Er wird polemisch zur Abwehr einer breiten Volksbewegung eingesetzt, die auf Verwirklichung der ihr verwehrten Freiheitsrechte dringt. Auch ist daran zu erinnern, daß es die *preußische* Justiz gewesen zu sein scheint, die sich vom vermeintlichen Terrorismus in der Revolution von 1848/1849 in ihrer Rechtsbindung nicht verunsichern ließ. Freilich war der Druck auf die Justizbehörden groß. Er kam von zwei Seiten. Der Justizminister mahnte alte Grundsätze der preußischen Rechtspflege mit blumiger, aber unzweideutiger Sprache an: »Der von Vielen absichtlich genährte Wahn: daß die bisherigen Strafgesetze, namentlich bei Verbrechen gegen den Staat, seit dem März d. J. nicht mehr gültig seien, hat viel dazu beigetragen, die Anarchie zu vermehren, und vielleicht auch einen gefährlichen Einfluß bei einzelnen Gerichten erhalten. Es bedarf bei dem trefflichen Geiste der Preußischen Justiz-Beamten, welcher sich im Ganzen auch jetzt bewährt hat, nur der Hinweisung auf den bekannten Rechtsgrundsatz, daß Gesetze so lange ihre Kraft behalten, bis sie im Wege der Gesetzgebung aufgehoben oder abgeändert sind . . ., um gewiß zu sein, daß die ehrenwerthen Preußischen Justiz-Beamten, bei aller beifallswürdigen Begeisterung für die wahre, sittliche und rechtliche Freiheit, das Ansehen der Gesetze und die Ordnung über Alles stellen werden. Mit diesen Grundsätzen und mit Verachtung aller persönlichen Gefahren wollen wir voranschreiten, in der Zuversicht des Sieges über das Verbrechen und die Anarchie«.

Der Versuch einer Reetablierung des traditionellen Musters politischer und sozialer Kontrolle war kein preußisches Spezifikum. Selbst das Zentralorgan der Revolution, die Frankfurter Nationalversammlung, wußte das traditionelle Repressionsinstrumentarium zu handhaben. Seit dem Juli 1848 gab es mit dem Reichsministerium eine neugeschaffene Zentralgewalt. Sie blieb machtlos gegenüber den Einzelstaaten und dem Ausland. Aber ihr wenig ausgebauter Behördenapparat war sensibel genug, Gefahrenzonen zu entdecken, die bezeichnenderweise *nicht* im Bereich der Gegenrevolution, sondern auf dem Feld der Revolution selber lagen. Hier bot sich eine Kooperation mit den Einzelstaaten geradezu an.

Die Politik der Frankfurter ›Revolutionäre‹ war keine Revolutionspolitik; die Furcht vor einem Ausufern der sozialen Bewegung ließ die in sie gesetzten Hoffnungen schnell absterben. Daher wundert es nicht, daß das Reichsministerium der Justiz in Frankfurt schon im September 1848 an die Einzelstaaten mit dem »Ersuchen« herantrat, ihre Behörden »mit strenger Anweisung« zur Verfolgung politischer Delikte zu versehen[21]. Presse- und Versammlungsfreiheit sollten zwar erhalten bleiben, aber es dürfe nicht geduldet werden, »daß in Vereinen und Versammlungen Behörden und Beamte beschimpft, der Umsturz der bestehenden Verfassungen proklamiert und das Volk zur gewaltsamen Empörung gegen die gesetzlichen Zustände aufgefordert wird«. Die Träger der Revolution selber schafften der preußischen Politik der Restriktionen revolutionärer Errungenschaften ein glänzendes Alibi.

Auch die Justiz hat das Ihre dazu beigetragen, die Revolution von 1848/1849 in die harte Ära der Reaktion einmünden zu lassen; aufgegeben wurde diese Revolution aber vor allem von denen, die sich als ihre Vorreiter verstanden. Im Mai 1849 hatte es sich eigentlich schon erübrigt, daß sich ein preußischer Verein mit dem Namen »Mit Gott, für König und Vaterland« an den König von Preußen wandte: »Gerechtigkeit hat Preußen groß gemacht und war stets sein schönster Schmuck. Seit vierzehn Monaten schon schläft – in Bezug auf politische Verbrechen – die Gerechtigkeit, so daß von dieser Seite dem ruhigen Bürger fortwährend Gefahr drohet, ohne daß er es wagen darf, den Schutz des Richters mit Erfolg anzurufen«[22].

III. Reaktionszeit und Kaiserreich: Politische Kriminalität als Appendix politischer Justiz

1. Die Reaktionsgesetzgebung der fünfziger Jahre

Wie die Repressionspolitik des deutschen Vormärz auf einem Zusammenspiel der beiden Führungsmächte des Deutschen Bundes, Österreichs und Preußens, beruhte, verständigten sich diese Staaten auch in dem Jahrzehnt nach der Revolution von 1848/1849 auf die Durchsetzung eines autoritären und bürokratischen Ordnungsprinzips. Die Politik der Ära der Reaktion suchte das nur für eine kurze Zeit in Bewegung geratene Verfassungsleben auf dem vorrevolutionären Stand einzufrieren und machte sich massiv an den Abbau und die Begrenzung der konstitutionellen Überbleibsel des Jahres 1848 heran. In Preußen repräsentierte die Ministerpräsidentenschaft Otto v. Manteuffels (1850-1858) den neoabsolutistischen Grundzug staatlichen Handelns, in Österreich Felix Fürst zu Schwarzenberg mit seinem Innenminister Alexander Freiherr v. Bach und in Bayern von der Pfordten als Ministerpräsident.

Auch nach 1848 wurde die konservative Grundlinie der Politik wieder vom neuhergestellten Deutschen Bund festgelegt. Als ›Bundesreaktionsbeschluß‹ sind die »Maßregeln zur Wahrung der öffentlichen Sicherheit und Ordnung im Deutschen Bund« vom August 1851 in die Verfassungsgeschichte der Reaktionszeit eingegangen[1]. Sie kündigten allgemeine Bundesbestimmungen zur Verhinderung des Mißbrauchs der Pressefreiheit an und verpflichteten die Einzelregierungen, die strafrechtliche Unterdrückung aller Zeitungen und Zeitschriften sicherzustellen, »welche atheistische, socialistische oder communistische oder auf den Umsturz der Monarchie gerichtete Zwecke verfolgen«. Ein ›Bundes-Preßgesetz‹ und ein ›Bundes-

Vereinsgesetz‹ wurden von der Bundesversammlung im Juli 1854 erlassen². Sie segneten eine bereits weitgehend bestehende einzelstaatliche Unterdrückungspraxis oppositioneller Regungen ab, hatten aber dennoch für diese eine nicht unwichtige Stabilisierungs- und Legitimierungsfunktion. Das Pressegesetz enthielt als Sanktionen nicht nur Verbote von Druckerzeugnissen, sondern es wollte Pressevergehen in den Katalog der Staatsverbrechen aufgenommen wissen. Damit schwebte über Autoren und Verlegern das Damoklesschwert der politischen Justiz. Vom politischen Strafrecht, nicht vom Presserecht her sollten »Fälle der Aufforderung, Anreizung oder Verleitung zum Hoch- und Landesverrathe und zum Aufruhr« angegangen werden. Die alte Frage, wann der Tatbestand des Hochverrats verwirkt sei, wurde nicht mehr in bezug auf eine Handlung, sondern schon auf eine schriftliche Meinungsäußerung gestellt. »Angriffe« der Presse »auf die Grundlagen des Staates und der Staatseinrichtungen« waren im Sinne der Bundesbestimmungen Handlungen. »Die Strafgesetzgebung jedes Bundesstaates hat gegen ... Angriffe durch die Presse ausreichenden Schutz zu gewähren und solche mit angemessenen Strafen zu bedrohen«.

Auch die 1848 gemachten schmalen Zugeständnisse auf dem Gebiet des Vereins- und Versammlungsrechts fielen bürokratischer Disziplinierung anheim. Die Reaktion machte tabula rasa mit allem, was an die Revolution erinnerte. Das Vereinsgesetz des Deutschen Bundes versuchte, »politischen Vereinen« ihre Rekrutierungsbasis zu entziehen; Minderjährige, Lehrlinge und Schüler durften sich an solchen Vereinen nicht beteiligen. Vor allem aber verschaffte die Bestimmung, daß »jede Verbindung mit anderen Vereinen ... unstatthaft« sei, den Polizeiverwaltungen in den Einzelstaaten fast unbegrenzte Verbotsermächtigungen. »Im Interesse der gemeinsamen Sicherheit« verpflichteten sich auch sämtliche Bundesregierungen, »die in ihren Gebieten etwa noch bestehenden Arbeitervereine und Verbrüderungen, welche politische, socialistische oder communistische Zwecke verfolgen, binnen zwei Monaten aufzuheben, und die Neubildung solcher Verbindungen bei Strafe zu verbieten«.

Eine solche Anmahnung hatte sich für den Vorreiter der Reaktionspolitik, Preußen, schon längst erübrigt. Sehr früh spielten v. Manteuffel und v. Westphalen als preußischer Innenminister die Trümpfe der Staatsautorität, Polizei und Justiz, gegen die Nachhut der Revolutionsbewegung von 1848/1849 aus. Gesetzliche Grundlage für den verschärften Repressionskurs in Preußen waren das Preßgesetz vom 12. Mai 1851 und das Versammlungs- und Vereinigungsgesetz vom 11. März 1850, das bezeichnenderweise als »Verordnung über die Verhütung eines die gesetzliche Freiheit und Ordnung gefährdenden Mißbrauchs des Versammlungs- und Vereinsrechts« bekannt gemacht wurde. Fast alle Spuren der Vereinigungs- und Versammlungsfreiheit, die es 1848 für eine kurze Zeit gegeben hatte, waren gelöscht. Eine Anzeige- und Genehmigungspflicht für Versammlungen über öffentliche Angelegenheiten wurde eingeführt und auch das Vereinsrecht restriktiven Ordnungsvorschriften unterworfen. ›Politische Vereine‹ durften keine Frauen, Lehrlinge und Schüler aufnehmen, vor allem aber war es ihnen untersagt, sich mit anderen Vereinen gleicher Art zu gemeinsamen Zwecken, etwa durch Komitees, Ausschüsse, Zentralorgane, zu verbinden[3]. Das vom Vereinsgesetz des Deutschen Bundes abgesegnete Verbindungsverbot, von dem nur ›Wahlvereine‹ ausgenommen waren, blieb bis zum Ersten Weltkrieg ein scharfes Instrument zur administrativen Knebelung der politischen Arbeiterbewegung.

In den fünfziger Jahren des vorigen Jahrhunderts legalisierten Presse-, Vereins- und Versammlungsrecht den massiven Einsatz der politischen Justiz gegen die Gegner des Manteuffelschen Reaktionskurses. Unverhohlen wurde die Justiz als Mittel der politischen Verfolgung benutzt. Die Justizpolitik Preußens geriet ganz in den Bann der konservativen Verfassungs- und Verwaltungspolitik.

An nüchternen Zahlen läßt sich dieser Trend ablesen[4]. 1850 wurden allein 39 Hochverratsverfahren neu eingeleitet, 1851 waren es 11. Das harte Durchgreifen der Justiz hinterließ seine Spuren im Abebben des politischen Veränderungswillens, wenn auch nicht in einem Abbau der politischen Oppositionshaltung. 1852 wurden sieben Hochverratsverfahren geführt, 1853 vier, 1854 zwei, dann bis zum Jahre 1857 keines mehr. Der unterdrückte Widerstandsgeist spiegelt sich aber deutlich in anderen ›politischen‹ Straftatbeständen wider. Von 1850 bis 1858 waren 1214 Verfahren wegen Majestätsbeleidigung anhängig; 1850 wurden allein 212 Untersuchungen wegen Tumult und Aufruhr neu eingeleitet; zwischen 1851 und 1858 wurde in 260 Verfahren wegen Widerstands gegen die Staatsgewalt (Auflauf und Aufruhr) ermittelt; in demselben Zeitraum waren an Vergehen gegen die öffentliche Ordnung anhängig: wegen Gefährdung des öffentlichen Friedens – 155, wegen Erregung von Haß und Verachtung der Obrigkeit – 714.

2. Politische Prozesse in der Ära der Reaktion

Spektakuläre und weniger spektakuläre politische Prozesse verweisen auf den, gemessen an der Zeit des Vormärz, unübersehbaren Prinzipienverlust der verfassungssichernden Strafrechtspflege in Preußen. Bekannt, und durch Karl Marx bekannt gemacht worden, sind die Verirrungen politischer Justiz im ›Kölner Kommunistenprozeß‹ von 1852[5]. Elf Anhänger des Kölner Kommunistenbundes standen unter der Anklage des Hochverrats. Die Anklageschrift beschuldigte die Angeklagten, »im Lauf der Jahre 1848-51 zu Köln ein Komplott gestiftet zu haben, dessen Zweck es war, die Staatsverfassung umzustürzen und die Bürger und Einwohner gegen die königliche Gewalt und gegeneinander zur Erregung eines Bürgerkrieges zu bewaffnen«. Durch Spitzeltätigkeit und andere unlautere Methoden war das Anklagematerial zusammengetragen worden. In dem Verfahren vor dem Kölner Schwurgericht kam es für die Anklage zu einer peinlichen Situation, als der Nachweis über Fälschungen eines Teils des eingebrachten Beweismaterials gelang. Die dennoch gefällten Urteile wegen versuchten Hochverrats setzten der politischen Arbeit des Kommunistenbundes ein Ende.

Forensische Nachhutgefechte zur Revolution von 1848/1849 begegnen zu Beginn der fünfziger Jahre ebenso wie die gerichtliche Verfolgung politischer Trauerarbeit im Medium der Literatur. Ferdinand Freiligrath (1810-1876) war in den vierziger und fünfziger Jahren des vorigen Jahrhunderts ein sicherlich mehr engagierter als begabter Dichter. Auf dem Höhepunkt der Revolution hatte er wegen seiner Gedichte vor Gericht gestanden; doch die öffentliche Stimmung ließ 1848 eine Verurteilung nicht zu. Im Mai 1851 stand vor dem Schwurgericht in Düsseldorf nicht Freiligrath selber vor Gericht, sondern ein Buchhändler, der seine Gedichte vertrieben hatte[6]. Die politische Justiz betrieb im Preußen dieser Jahre sorgsame Basisarbeit. Dem Buchhändler wurde vorgehalten, »eine Anzahl Exemplare des zweiten Heftes der neuen politischen und socialen Gedichte von Ferdinand Freiligrath, in welchen eine Aufforderung zum Hochverrathe, und eine Verletzung der Ehrfurcht gegen Seine Majestät den König enthalten sei, und deren Inhalt er gekannt haben soll, verbreitet und dadurch selbst sich jener Verbrechen schuldig gemacht zu haben«.

In Untersuchungshaft einsitzend, wartete der Buchhändler auf seinen Prozeß. Es wurden viele Paragraphen bemüht, um den Schuldnachweis zu führen. Das neue Preußische Strafgesetzbuch von 1851, das den strafrechtlichen Teil des Allgemeinen Landrechts abgelöst hatte, wurde zitiert und vor allem auch das Pressegesetz vom Mai 1851. Aufhänger der Anklageschrift gegen den Buchhändler war der Inhalt der Freiligrathschen Gedichte. Namentlich wurde das Gedicht ›Die Revolution‹ erwähnt. Seine Verbreitung begründete in den Augen der Justiz die Mitschuld an einem »Verbrechen«. Denn in dem Gedicht werde »zu einem Attentate, dessen Zweck war, die

Verfassung des Preußischen Staates umzustürzen, und die Bürger gegen die Königliche Gewalt zu bewaffnen, obwohl ohne Erfolg, aufgefordert und angereizt«.

Es ist schwer vorstellbar, daß die preußische Justiz der Literatur wirklich eine Staat und Gesellschaft umwälzende Rolle zubilligte; es ging ihr wohl mehr um eine Gesinnungsformierung der Staatsgesellschaft, und hier konnten auch kleine Prozesse durchaus nachhelfen. Was Freiligrath in seinem Gedicht »Die Revolution« mit ungelenken Worten beschrieb, ist eher ein Dokument revolutionärer Resignation als revolutionärer ›Anreizung‹. Die die Staatsbehörden provozierendsten Verse lauten[7]:

»Und ob ihr von der hohen Stirn das wehnde Lockenhaar ihr
schort;
Und ob ihr zu Genossen ihr den Mörder und den Dieb
erkort;
Und ob sie Zuchthauskleider trägt, im Schoß den Napf voll
Erbsenbrei;
Und ob sie Werg und Wolle spinnt – doch sag' ich kühn euch:
Sie ist frei!

Drum werd' ich sein, und wiederum voraus den Völkern
werd' ich gehn!
Auf eurem Nacken, eurem Haupt, auf euren Kronen werd' ich
stehn!
's ist der Geschichte ehrnes Muß! Es ist kein Rühmen, ist kein
Drohn –
Der Tag wird heiß – wie wehst du kühl, o Weidenlaub von
Babylon!«

Die Verbreitung von Gedichten dieses Zuschnitts erfüllte im Preußen der Reaktionszeit den Tatbestand des versuchten Hochverrats. Prozesse wurden geführt, Anklageschriften verfaßt und Urteile gesprochen, die auf ihre Weise den heutigen Modebegriff der Repression historisch zu transzendieren vermögen. In einer Zeit, in der Revolutionäres schon längst aus Staat und Gesellschaft getilgt war, beschäftigte sich Preußens politische Justiz mit den literarischen Abgesängen auf die Revolution – und fühlte sich dabei immer noch als Fels in der roten Brandung. »Diese Gedichte«, heißt es in der Anklageschrift gegen den Düsseldorfer Buchhändler, »enthalten die bestimmte Aufforderung an die Völker Deutschlands, den entschiedenen Kampf für die soziale Republik, die neue Revolution, zu beginnen, für sie und für die Freiheit in den Tod zu gehen, und siegend ihre Unterdrücker, die Fürsten, zu vernichten. Um hierzu anzureizen, werden diese Fürsten als die Quelle der Leiden, die den Proletarier darnieder beugen, als die Despoten, die dem geknechteten und nach Freiheit schmachtenden Volke nur den Hunger, Fesseln und den Tod zu bieten hätten, dargestellt, dem Fleiße und der Tugend des armen Proletariers wird das üppige Laster und die kalte Herzlosigkeit des Reichen entgegengesetzt, in den Greueln früherer Revolutionen nur die gerechte Wiedervergeltung und der nothwendige Übergang zu einer besseren Zukunft gefunden, endlich dem Proletariate in der letzten Schlacht, die bald geschlagen werde, der glänzendste Sieg und der gänzliche Untergang des Königthums verhießen«.

Seit 1849 waren in Preußen die Schwurgerichte für politische Straftaten zuständig, und daher hatten auch in diesem Prozeß vor dem Düsseldorfer Landgericht Geschworene die Schuldfrage zu entscheiden. Dieses schmale Privileg des aus politischen Gründen Angeklagten, oft und auch hier die ihm verbliebene Hoffnung, fiel 1853, als wiederum das Kammergericht in Berlin zu einem Sondergerichtshof für die ›Untersuchung und Entscheidung von Staatsverbrechen‹ wurde[8].

3. Die Reichsgründungszeit als Übergangszeit

Die Ära der Reaktion endete in Preußen 1858, als Prinz Wilhelm, der spätere Deutsche Kaiser, die Regentschaft übernahm und sich durch die Berufung liberaler Minister zu einem politischen Kurswechsel entschloß. Die durch einen Ministerwechsel eingeleitete ›Neue Ära‹ dauerte freilich nicht lange. 1862 begannen die politisch bewegten Jahre des Preußischen Verfassungskonflikts. Der Streit zwischen Bismarck und den Liberalen um Heeresreform und Budget dauerte bis 1866. Es war eine Auseinandersetzung zwischen staatlichem Macht- und bürgerlichem Rechtsanspruch. Erst die nationale Einheitsfrage versöhnte die Kontrahenten. Die Lösung, die Bismarck anstrebte und durchdrückte, machte es möglich, daß bürgerliche Gesinnung und bürgerliche Interessen wieder zur Deckung kommen konnten. Für das Gewissen der Liberalen war es mehr als eine Beruhigung, daß ihnen von Bismarck eine gestaltende Rolle im Verfassungs-, Rechts- und Wirtschaftsleben des jungen Deutschen Reichs zugebilligt wurde. So können die sechziger und siebziger Jahre des vorigen Jahrhunderts durchaus als Jahrzehnte der partiellen Durchsetzung bürgerlicher Emanzipationsansprüche angesehen werden.

Auf der Ebene des Rechts kam es zu bedeutenden liberalen Gestaltungsschüben. Das Strafgesetzbuch für das Deutsche Reich vom Mai 1871 stand mit seiner Orientierung an der Idee einer generalpräventiven Tatvergeltungsstrafe ganz unter dem Vorzeichen liberaler Straftheorie. Das Gerichtsverfassungsgesetz vom Januar 1877 und die Strafprozeßordnung vom Februar desselben Jahres bestätigten die beiden wichtigsten rechtsstaatlichen Grundsätze der Strafrechtspflege: richterliche Unabhängigkeit und justizförmige Urteilsgewinnung.

Die Normen des Rechtsstaats, die auch auf die Fassung des politischen Strafrechts abfärbten, sollten jedoch im Deutschen Kaiserreich keine Gewähr für eine Mäßigung des Staats im Umgang mit seinen politischen Gegner bieten. Dazu waren die die deutsche Gesellschaft durchziehenden Bruchlinien zu tief. Die sozialen Gegensätze fanden ihren Ausdruck in einem Anwachsen der politischen Kriminalität, das *auch* mit den Kriminalisierungsstrategien der Politik zusammenhing. Bismarck war nicht zimperlich beim Zimmern politischer Feindbilder und beim Abschieben seiner Gegner in den Untergrund. Die Geschichte der politischen Kriminalität in der

Bismarckzeit ist nicht ablesbar am geltenden politischen Straf-recht, sondern an der Umsetzung dieses Rechts durch Polizei- und Gerichtsbehörden. Hatte die entschiedene Opposition des Bürgertums in der Zeit des Verfassungskonflikts die Zahl der ›Staatsverbrechen‹ in die Höhe getrieben (1863/64 waren 379 Verfahren wegen Majestätsbeleidigung, 115 Tumultver-fahren und 321 Vergehen gegen die öffentliche Ordnung an-hängig), machte die politische Justiz des Kaiserreichs aus den als ›Staatsfeinden‹ abgestempelten Sozialdemokraten ›Staats-verbrecher‹. Justiz und Staatsverbrechen müssen im Deut-schen Kaiserreich von der Unterdrückungsgeschichte der po-litischen Arbeiterbewegung aus angegangen werden.

4. Politische Justiz und politische Arbeiterbewegung im Deutschen Kaiserreich

Obwohl das »Gesetz gegen die gemeingefährlichen Bestre-bungen der Sozialdemokratie« vom 21. Oktober 1878 den po-litischen Bannfluch über die Arbeiterbewegung in einen Kata-log von Verbotsnormen und Sanktionsandrohungen goß, be-deutete es nicht den Auftakt der gegen linke Gesinnung und Aktivität gerichteten Zähmungspolitik. In dem überlieferten Presse- und Vereinsrecht hatten die Länderregierungen ein probates Mittel, die Öffentlichkeitsarbeit der Sozialdemokra-tie zum Erliegen zu bringen. Polizei- und Verwaltungsbehör-den schöpften schon in den Jahren vor dem Sozialistengesetz ihren Ermächtigungsspielraum bei Verboten gegen sozialde-mokratische Presseorgane, Versammlungen und Vereine voll-ständig aus. Für die Sozialdemokratie brachte das – gemessen am preußischen Presserecht – liberalere Reichspressegesetz vom Juli 1874 nur wenig Entlastung, da das Landesvereins-recht bis zu dem wenig Veränderung bringenden Reichsver-einsgesetz von 1908 bestehen blieb. Das Vorgehen gegen so-zialdemokratische Organisationen mit polizeirechtlichen Mit-teln war eine scharfe Waffe in der Hand der Exekutive. Das

Landesvereinsrecht enthielt das Verbindungsverbot politischer Vereine und unterband so den Aufbau einer zentralen sozialdemokratischen Parteiorganisation. Die Polizei griff ein, wenn sie Querverbindungen zwischen lokalen Vereinen witterte.

Nicht nur die Polizei, auch die Justiz hatte ihren Anteil am Klima politischer Inquisition in der frühen Bismarckzeit. Politische Verbrechen und Vergehen wurden zwar nach dem neuen Reichsstrafgesetzbuch abgeurteilt, doch die Verfahren waren bei den – besonders in Preußen – in ›politischen‹ Sachen erfahrenen Landesgerichtsbehörden anhängig. Seit 1879 fielen zwar Hochverratssachen in die Zuständigkeit des neu eingerichteten Reichsgerichts, doch hatte das wenig Einfluß auf den justiziellen Umgang mit der alltäglichen politischen Kriminalität. Noch vor diesem Eingriff in die bundesstaatliche Gerichtshoheit hatte ein Hochverratsverfahren den Zugriff der politischen Justiz auf den normalen politischen Alltag legitimiert und damit zweifellos das Seinige dazu beigetragen, die gerichtliche und polizeiliche Minierarbeit gegen die Sozialdemokratie zu verstärken.

Im März 1872 standen in Leipzig die beiden sozialdemokratischen Führer, Wilhelm Liebknecht und August Bebel, zusammen mit einem sozialdemokratischen Redakteur vor Gericht[9]. Die Anklage lautete auf Vorbereitung des Hochverrats. Die sächsische Staatsanwaltschaft erhob den Vorwurf, daß die Beschuldigten durch Gründung und Leitung der Sozialistischen Arbeiterpartei, durch Mitarbeit in der Internationalen Arbeiter-Assoziation, durch die Redaktion und den Vertrieb des ›Volksstaat‹, durch Zeitungsaufsätze und Broschüren, Versammlungsreden und den Briefwechsel mit Gleichgesinnten planmäßige Vorbereitungen zur gewaltsamen Änderung der Verfassung des Norddeutschen Bundes, dann des Deutschen Reiches, ferner des sächsischen Staats getroffen hätten. Die Anklage konnte außer Meinungsäußerungen, die Fragen der politischen Strategie und Taktik der noch jungen Arbeiterbewegung betrafen, keine Beweismittel für ein bestimmtes

Unternehmen beibringen. Allein der politischen Tagesarbeit wurde der Charakter einer kriminellen Handlung unterschoben. Bebel und Liebknecht sollten zu einem »Unternehmen« aufgefordert haben, durch das der Tatbestand der gewaltsamen Verfassungsänderung erfüllt werde. »Als ein Unternehmen, durch welches das Verbrechen des Hochverrats vollendet wird«, sah das Reichsstrafgesetzbuch »jede Handlung« an, »durch welche das Vorhaben unmittelbar zur Ausführung gebracht werden soll« (§ 82).

Mit der Anwendung dieses Paragraphen auf die politische Tätigkeit zweier führender Repräsentanten einer im Aufstieg begriffenen Partei zielte man letztlich auf die politische Existenz dieser Partei ab. Der Bebel-Liebknechtsche Hochverratsprozeß von 1872 ist das erste große Beispiel politischer Justiz im Deutschen Kaiserreich. Der Schuldspruch gegen Bebel und Liebknecht trug ebenso dazu bei, das Feld der offiziellen Politik auszuweiten und abzusichern wie den Bewegungsspielraum einer kompromißlosen, aber nicht gewaltförmigen politischen Opposition massiv zu beschneiden.

Die beiden sozialdemokratischen Führer hatten zwei Jahre Haft abzusitzen. Gravierender als die Kriminalisierung einzelner Personen war jedoch die durch das Urteil eingeleitete Kriminalisierung der sozialdemokratischen Bewegung. Sie sah sich von nun ab permanent dem Verdacht eines gewaltsamen Staatsumsturzes ausgesetzt. Das lähmte nicht nur die eigentliche politische Arbeit, sondern brachte auch die Justizmaschine auf Touren. Über dem Vorgehen mit polizeirechtlichen Mitteln, das nach 1872 zu vielen örtlichen Parteiverboten führte, darf das strafrechtliche Vorgehen gegen die Sozialdemokratie nicht vergessen werden. Die Aburteilung sozialdemokratischer Prominenz hatte einen gerichtsförmigen Feldzug gegen die sozialdemokratische Basis zur Folge. Der Staatsanwalt am Berliner Stadtgericht, Tessendorf, steht für die Rigidität bei der Verfolgung politischer Delikte. Ins Visier der Justiz gerieten besonders sozialistische Versammlungsredner, Journalisten und Schriftsteller. Neben den polizeirechtlichen Vereinsverboten war in den siebziger Jahren die strafrechtliche Verfolgung der politischen Agitation eine ebenso wirksame Waffe der Niederknüppelung der Sozialdemokratie. Hier war es vor allem der § 130 des Strafgesetzbuches, der es erlaubte, unbotmäßiges politisches Verhalten mit den einzelnen zum Teil schwer treffenden Sanktionen zu belegen. Dieser Gummiparagraph wurde sehr oft zur Ausschaltung des nachgeordneten Funktionärskorps der sozialdemokratischen Partei in Anspruch genommen. Mit Geldstrafe bis zu sechshundert Mark oder mit Gefängnis bis zu zwei Jahren konnte bestraft werden, »wer in einer den öffentlichen Frieden gefährdenden Weise verschiedene Klassen der Bevölkerung zu Gewaltthätigkeiten gegeneinander öffentlich anreizt«.

Ohne große Skrupel legte die Justiz die in den Klassengegensätzen der Zeit wurzelnde Klassenkampfterminologie als Anreizungshandlungen aus. Die Repression *vor* der Repression des Sozialistengesetzes wird in der Geschichtsschreibung oft vergessen; doch hier schliff sich bereits eine Praxis administrativen, polizeilichen und strafgerichtlichen Umgangs mit der sozialdemokratischen Herausforderung ein, ohne die die »Bekämpfung der gemeingefährlichen Bestrebungen der Sozialdemokratie« nicht so perfekt funktioniert hätte.

Der verschärfte Kampf gegen die politische Arbeiterbewegung war durch Akte politischer Gewalt ausgelöst worden. Am 11. Mai 1878 beging der Klempnergeselle Hödel ein Attentat auf Kaiser Wilhelm I., am 2. Juni 1878 folgte dasjenige von Dr. Nobiling, eines im Dienste des Statistischen Büros in Dresden stehenden Nationalökonomen. Obwohl sich eine Verbindung zwischen den Attentätern und der Sozialdemokratie nicht konkret nachweisen ließ, wurde die große emotionale Betroffenheit der Öffentlichkeit politisch konsequent ausgemünzt. Schon damals verbarg sich hinter dem Schlagwort von der ›intellektuellen Urheberschaft‹ ein gerütteltes Maß an intellektueller Perfidie.

Das nach dem ersten Attentat von der Reichsleitung vorgelegte Ausnahmegesetz gegen die Sozialdemokratie scheiterte im Reichstag an der ablehnenden Haltung von Nationalliberalen, Zentrum und Fortschrittspartei. Als nach dem zweiten Attentat der Reichstag aufgelöst wurde und Neuwahlen die Mehrheitsverhältnisse verändert hatten, passierte am 19. Oktober 1878 eine verschärfte Vorlage der Regierung das Parlament. Die Nationalliberalen, durch Wahlverluste irritiert, waren umgefallen. Das bis 1881 befristete Sozialistengesetz wurde zunächst bis 1884, dann bis 1886, weiter bis 1888, zuletzt bis 1890 verlängert. Es trat am 30. September 1890 außer Kraft, als die konservativen Fraktionen sich über der Frage einer Milderung spalteten und die Deutschkonservativen einer von Freikonservativen und Nationalliberalen ausgearbeiteten Fassung ihre Zustimmung versagten.

Mit dem Jahr 1890 fanden aber keineswegs alle Repressionsmaßnahmen gegen die Sozialdemokratie ihr Ende; nur diejenigen entfielen, die das ›Maßnahmegesetz‹ von 1878 gedeckt hatte. Das Sozialistengesetz erfüllte keinen Rechtszweck; es brachte keine Neufassung des geltenden Staatsschutzrechts, sondern diente allein einem Sicherungszweck: der präventiven Sicherung der bestehenden Ordnung gegenüber einem von den herrschenden Gewalten angenommenen Gefahrenzustand. Die Problematik eines in Form von Ausnahmegesetzen ausgeübten Verfassungsschutzes liegt auf der Hand. Die auf den Schutz von Staat und Verfassung gerichtete Rechtsnorm kann allzu leicht zum Spielball eines politischen Kalküls werden, das auf die Unterdrückung unbequemer Minderheiten aus ist. Das Sozialistengesetz war ein polizeiliches Ermächtigungsgesetz zur Niederhaltung des politischen Gegners; mit ihm schützte die konservative Herrschaftselite des Kaiserreichs nicht die Verfassung, sondern sich selber – nach dem Motto ›L'Etat, c'est moi‹.

Betrachtet man die Jahre des Sozialistengesetzes unter dem Gesichtspunkt der Strafjustiz, muß zunächst festgehalten werden, daß sie eher die Stunde der politischen Polizei als die der politischen Justiz waren. Versammlungs-, Vereins- und Presseverbote waren polizeiliche Aktionen, die freilich oft ein justizielles Nachspiel hatten. Dennoch scheint die Justiz eine gewisse Zurückhaltung gegenüber dem Ausnahmestrafrecht des Sozialistengesetzes geübt zu haben. Staatsanwaltschaften und Gerichte zogen es vor, die Bestimmungen des allgemeinen Strafgesetzbuchs zur Anwendung zu bringen. Ob sich das für die Angeklagten ausgezahlt hat, ist schwer abzuschätzen. In den während der Zeit des Sozialistengesetzes geführten politischen Prozessen begegnen fraglos Justizwillkür und Rechtsbeugung; doch aufgefundenes Prozeßmaterial unmittelbar nach dem Fall des Sozialistengesetzes mahnt gegenüber dem pauschalen Vorwurf der ›Klassenjustiz‹ zur Vorsicht. Die Rechtsbindung der politischen Strafjustiz im Deutschen Kaiserreich ist ein heikles Problem, das noch sorgfältiger Recherchen bedarf. Unter dem Sozialistengesetz scheint sie zumindest nicht in toto verlorengegangen zu sein. Die Prozesse, die nach 1890 gegen Führer und Anhänger der sozialistischen Arbeiterbewegung geführt wurden, sind im Typ denen sehr ähnlich, die in den achtziger Jahren anhängig waren; ob auch die Urteile als Indiz für eine gewisse Bremswirkung der politischen Justiz in politischen Strafsachen herhalten können, bleibt fraglich, aber als Problem aufgeworfen.

Was unter dem Sozialistengesetz im Ermessen der Justiz gestanden hatte, die Anwendung des Sonderstrafrechts oder des allgemeinen Strafrechts, reduzierte sich nach 1890 wieder auf die Handhabung der im Reichsstrafgesetzbuch fixierten Strafrechtsnormen. Sie waren ja auch griffig genug zur Einleitung politischer Verfahren. Besonders der § 130 des Strafgesetzbuches (Anreizung zu Gewalttätigkeiten) schaffte der Justiz Gelegenheit, gegen ›linke‹ Kritik und Agitation vorzugehen. Reden auf Partei- und Streikversammlungen boten sich geradezu an, forensisch ausgeschlachtet zu werden. Hier einige wenige, aktenkundig gewordene Beispiele.

Im Oktober 1892 leitete die Berliner Justiz ein Verfahren gegen den Hauptredner auf einer sozialdemokratischen Wahlversammlung ein. Er hatte seinen Zuhörern zu bedenken gegeben, »daß wir endlich einmal mit der heutigen Staatsgesellschaft tabula rasa machen« müssen[10]. War das Werbung für die Politik der Sozialdemokratie oder schon eine den öffentlichen Frieden gefährdende ›Anreizung‹? Auch in den Jahren nach dem Sozialistengesetz war ein Eintreten für die Politik der Arbeiterbewegung nicht vor Strafverfolgung sicher. Ein Konditor wurde 1893 auf einer Versammlung der Berliner arbeitslosen Bäcker und Schlächter in seiner Kritik der ›heutigen Staatsgesellschaft‹ noch deutlicher. »Wir wissen ganz genau, was wir als denkende und handelnde Arbeiter zu thun haben: Nieder mit der herrschenden Gesellschaft!«[11] Auch bei der Rede eines Schlossers auf einer Zusammenkunft arbeitsloser Bauhandwerker stellte sich die Frage ›Meinungsäußerung oder Aufreizung zur Gewalt‹. Dem Arbeiter sei das Recht, ein menschenwürdiges Dasein zu führen, von scheinheiligen Blutsaugern geraubt worden. Nach dem unglücklichen Kriege von 1870, in dem man die Arbeiter haufenweise hingemordet habe, nur um die Wollust der Bourgeoisie zu befriedigen, habe man das Proletariat in die großen Städte gelockt, um es systematisch auszubeuten und ihm systematisch den Strick um den Hals zu legen[12].

War die politische Justiz des Kaiserreichs fähig, solche Äußerungen als das einzuschätzen, was sie waren: Ausdruck tiefster sozialer Not und Verzweiflung, Protest gegen menschliche Entwürdigung und politische Entmündigung? Sicherlich ergibt sich aus Fallbeispielen ein nur unvollständiges Bild vom Handeln der Strafjustiz am Ende des vorigen Jahrhunderts; sie nötigen aber zur Differenzierung des Bildes von der Klassenjustiz. Diese Differenzierung auch für das Kaiserreich festzuhalten, ist um so notwendiger, wenn man die Recht mißachtenden und Menschenleben vernichtenden Praktiken politischer Justiz in der Zeit des Nationalsozialismus bedenkt.

Die deutschen Gerichte konnten in der Vorweltkriegszeit in politischen Strafsachen nicht nur Anklage erheben, sondern auch Tatbestände würdigen. Im Juli 1893 stand in Berlin ein Schneider vor Gericht. In einer öffentlichen Streikversammlung der Schneider und Schneiderinnen hatte er u. a. Folgendes gesagt: Er sei absolut für den Streik, weil durch jeden Streik die Bourgeoisie in Schranken gesetzt werde. Das Kapital müsse unter allen Umständen aus dem Wege geschafft werden, sei es auf gesetzlichem oder ungesetzlichem Wege[13]. Anklage war gegen den Schneider wegen ›Anreizung zu Gewalttätigkeiten‹ erhoben worden; doch die Strafkammer des Berliner Landgerichts hatte auf Freispruch erkannt und diesen wie folgt begründet: Selbst wenn in den Worten des Schneiders über das Kapital »eine Anreizung zur Beseitigung der Kapitalisten auf gewaltthätige Weise liegen sollte, so würde § 130 StGB nicht Anwendung finden, weil nicht anzunehmen sei, daß durch diese Worte eine *wirkliche Gefahr* der Störung des öffentlichen Friedens hervorgerufen sei. Dies verlange aber § 130 StGB; es genüge nicht die abstracte, mit jedem Anreiz von selbst gegebene *Möglichkeit* einer Störung des öffentlichen Friedens. Es sei aber vorliegend ausgeschlossen, daß der Angeklagte durch dies sozialdemokratische Schlagwort unter den Mitgliedern der Versammlung irgendwelche Stimmung dafür erzeugen konnte, sofort oder bei der ersten sich darbietenden Gelegenheit auf gewaltthätige Art gegen die Kapitalisten vorzugehen«.

Politisch keimfreie, rein juristische Tatwürdigungen waren der Justiz des Kaiserreichs nicht fremd. Dies zu betonen, darf freilich nicht den konservativen Kontext des Justizapparates vergessen machen. Freisprüche an der Basis provozierten Druck von oben. So wollte das preußische Justizministerium im November 1894 von den obersten Gerichtsbehörden genaue Auskunft über die »Wirksamkeit der bestehenden Gesetze gegen sozialdemokratische und anarchistische Bestrebungen« haben[14]. Die Voten aus den obersten Etagen der Justiz warnen vor einem allzu nostalgischen Rückblick auf die Geschichte der politischen Strafjustiz besonders in Preußen. Verklärung wäre hier durchaus nicht angebracht, aber auch nicht das Vergessen von mutigen Entscheidungen der preußischen Basisjustiz.

Zu ihnen gehört der Freispruch gegen die Verfasser eines

»Aufrufs an die Arbeitslosen«. Er war 1894 in einem sozialdemokratischen Presseorgan veröffentlicht worden. Gegenstand der Polemik waren die »Besitzenden«. Ihnen müsse gezeigt werden, »daß die Noth nicht kirre mache, sondern erst recht erbitterte Kämpfer schaffe. So lange müßten die Klagen der Arbeiter der heutigen Gesellschaft entgegengeschleudert werden, bis das morsche Gebäude der Unvernunft und der Willkür zusammenbreche«[15]. Das Gericht konnte in diesen Ausführungen weder eine direkte noch indirekte Aufreizung zu Gewalttätigkeiten finden. »Einzelne Stellen seien vielleicht geeignet, Erbitterung bei dem Leser hervorzurufen; wenn man aber den Aufruf als Ganzes würdige und seinen ausgesprochenen Zweck im Auge behalte, daß damit für eine Versammlung der Arbeitslosen habe agitiert werden sollen, deren Tagesordnung ›das Elend der Arbeitslosen und seine Bekämpfung‹ war, so könne eine Anreizung zu Gewaltthätigkeiten nicht festgestellt werden. Denn daß unter ›Bekämpfung der Arbeitslosigkeit‹ nicht deren gewaltsame Beseitigung gemeint sei, ergebe der Sprachgebrauch«.

Bemerkenswertes war also *auch* aus preußischen Gerichtssälen zu hören. Es ist kein Zufall, daß man auf seiten der Ministerialbürokratie gerade nach dem Fortfall des Sozialistengesetzes besonders wachsam war. Untere Gerichtsbehörden sollten ihre sozialen Antennen in politischen Strafsachen möglichst schnell wieder einziehen. Dem diente die zitierte Verfügung über die Wirksamkeit der bestehenden Gesetze. Sie bot besonders den Staatsanwälten Gelegenheit, sich in ausgefeilten Schriftsätzen als Anwälte einer neuaufgelegten Sozialistenverfolgung zu präsentieren. Denn am Ende des Jahres 1894 hatte sich der Reichstag mit der politisch wenig seriösen ›Umsturzvorlage‹ zu beschäftigen, einem Versuch, den juristischen Krieg gegen die Sozialdemokratie mit den Mitteln eines verschärften strafrechtlichen Verfassungsschutzes neu zu eröffnen. Das ist der Hintergrund der strammen Pose, in der die hohen Anklagevertreter über die Laschheit der Gerichte und die mangelnde Härte der Gesetze klagten.

Die Staatsanwaltschaft am Berliner Landgericht war schon in den siebziger Jahren die Speerspitze gegen die Sozialdemokratie gewesen. Sie führte auch jetzt wieder das große Wort. »Durch die Mittel, welche die gegenwärtige Strafgesetzgebung bietet«, teilte der Erste Staatsanwalt am 25. November 1894 dem Preußischen Justizminister mit, »ist es nicht möglich zu verhindern, daß Socialisten und Anarchisten die großen Massen des Volkes allmählich mit dem Gedanken an einen gewaltsamen Umsturz vertraut machen und durch diese Maulwurfarbeit künftigen Versuchen, einen solchen Umsturz herbeizuführen, den Boden bereiten«[16]. In den Augen des Berliner Staatsanwalts hatte besonders der § 130 StGB als »Palliativ gegen socialistische und anarchistische Propaganda« vollständig versagt. Er wollte den Begriff der ›Gewalttätigkeiten‹ durch ›Feindseligkeiten‹ ersetzt wissen, um die Grenzen strafrechtlichen Vorgehens zu erweitern. Der § 130 sollte ein »Kampfmittel gegen die verderblichsten Grundlehren der Umsturzparteien« werden; auch Angriffe gegen die »wichtigsten Institute des modernen Staates: Ehe, Familie und Eigenthum« müßten durch die Neufassung dieses Paragraphen geahndet werden können. Der strafrechtliche Verfassungsschutz wird hier in die Intimsphäre vorverlagert. Die spätere ›Umsturzvorlage‹ belegt, daß dabei kein eiferndes Juristenhirn am Werk war, sondern ein handfestes Stück preußisch-deutscher Justizpolitik auf seinen ideologischen Nenner gebracht wurde.

Das Votum des Frankfurter Oberstaatsanwalts verdeutlicht die realhistorischen Motive, welche die politische Justiz die Zügel anziehen ließ. Es führte die nüchternen Zahlen der sozialdemokratischen Wählerstimmen seit 1877 an: Reichstagswahl 1877 – 493 000; 1878 – 437 000; 1881 – 312 000; 1884 – 550 000; 1887 – 763 000; 1890 – 1 427 000; 1893 – 1 787 000. Waren diese Zahlen nicht Beleg für die verlorengegangene Wirksamkeit der politischen Justiz, für die dringende Notwendigkeit eines verschärften strafrechtlichen Zugriffs? So sensibel untere Gerichtsbehörden für soziale Problemlagen sein konnten, so vernagelt war man an der Spitze der Justiz-hierarchie für die in den Defiziten der sich ausformenden Industriegesellschaft angelegte politische Dynamik. Man glaubte fest an die Repression als ›Palliativ‹, weniger aus Überzeugung als aus Furcht: »Die Bewegung nimmt den Charakter eines reißenden Stromes an, dessen Gewässer alle Schutzdämme zerrissen haben und das anliegende Gelände weithin zerstörend überfluthen und unter sich begraben«[17].

Der Breslauer Oberstaatsanwalt legte den Akzent auf die Ausbreitung »sozialdemokratischer Gesinnung«. Er schlug damit – über seine Zeit hinaus – den Grundakkord politischer Justiz in Deutschland an[18]. In der Zeit des Vormärz wurde noch um die Trennlinie zwischen politischer Justiz und Gesinnungsjustiz gerungen; im Deutschen Kaiserreich gab es nur noch schwache Versuche, dem Einmünden politischer Justiz in Gesinnungsjustiz entgegenzuwirken. Auch für die weitere Geschichte des Problems ›Justiz und Staatsverbrechen‹ sollte ›Gesinnung‹ zum Prüfstein von Recht und Rechtspraxis werden.

Der schlesische Oberstaatsanwalt ist damals ein Meister rechter politischer Psychologie gewesen. Feinsinnig kroch er in die Seele des verführten Volkes, ohne dabei dessen konkrete Nöte zur Kenntnis zu nehmen. »Zur Vorbereitung des Umsturzes bedarf es lediglich der langsam aber sicher arbeitenden Einwirkung auf die Gesinnungen und Anschauungen, die Empfindungen und Gefühle der großen Masse des Volkes, der Ausbreitung des sozialdemokratischen Geistes, der tiefen gährenden Unzufriedenheit mit der bestehenden Staats- und Gesellschaftsordnung, des Neides und Hasses gegen die besitzenden Klassen, der Verbreitung der Idee einer unwürdigen, ungerechten Knechtung durch die letzteren, der Idee von der Nothwendigkeit und Gerechtigkeit einer in absehbarer Zeit herannahenden, gewaltsamen Umwälzung und der aus alledem sich bildenden Geneigtheit, an dieser bevorstehenden allgemeinen Erhebung sich zu betheiligen. Um nun dieser erstrebten Revolution die Aussicht auf Erfolg zu verschaffen, um die einzige Waffe zu vernichten, mit welcher Staat und Gesellschaft sich gegen den Ansturm vertheidigen könnten, um die Armee für sich zu gewinnen, bedarf es wiederum keiner äußerlich erkennbarer Bemühungen, die gegenwärtig dienenden Soldaten zum Anschluß an die sozialdemokratischen Bestrebungen zu verleiten. Dies wird vielmehr schon besorgt, bevor die jungen Leute in das Heer eintreten. Wird doch aus allen Theilen des Reichs, namentlich aus allen Centren der Sozialdemokratie fast täglich von der Presse berichtet, in welcher Rohheit, Zuchtlosigkeit und Unbotmäßigkeit gegenüber aller Autorität gerade die Jugend sich zeigt. Es wäre ein schwerer Irrthum, wenn man glauben wollte, daß es nur des Einkleidens in des Königs Rock bedürfe oder daß die äußerliche stramme Disciplin genügte, um die sozialdemokratische Gesinnung plötzlich wieder zu ertödten und aus dem jungen Soldaten einen willigen Vertheidiger von Thron und Staatsordnung gegen die Masse seiner Gesinnungsgenossen zu machen«.

Es war eine dumpfe Furcht, die die politisch Mächtigen des Kaiserreichs erschaudern ließ. Politische Justiz war in dieser Zeit Surrogat für den fehlenden Mut zu politischer und sozialer Innovation, welche die bestehenden Herrschaftsstrukturen kaum hätte unberührt lassen können.

Die ›Umsturzvorlage‹ verdeutlicht die bis in die Zeit des Ersten Weltkriegs durchgehaltene Wegrichtung beim Umgang mit ›Staatsverbrechern‹. Ihr Zuschnitt hatte mit ihrem Anlaß nur wenig zu tun. Nachdem 1890 das Sozialistengesetz nicht verlängert worden war, rumorte es in konservativen Kreisen unüberhörbar. Die zitierten Gerichtsvoten fangen ungefähr die Stimmung und die vorgebrachten Argumente ein. Der Nachfolger Bismarcks, General v. Caprivi (1890-1894), war ein entschiedener Gegner einer von vielen Seiten angeregten und betriebenen neuen Ausnahmegesetzgebung gegen die sozialistische Bewegung. Realistisch schätzte er die Dialektik der Repression ein: Unterdrückungsmaßnahmen förderten nur die Sache der Sozialdemokratie, zwölf Jahre Sozialistengesetz seien der Beweis. Als Realpolitiker beurteilte v. Caprivi auch die Chancen für die parlamentarische Verabschiedung eines Ausnahmegesetzes negativ. Dennoch sah er sich genötigt, am Ende seiner Amtszeit eine ›Umsturzvorlage‹ ausarbeiten zu lassen.

Die Aktionen des europäischen Anarchismus zu Beginn der neunziger Jahre hatten die Emotionen aufgeheizt und ein Klima der Angst gestiftet. In ihm vermischten sich die Grenzlinien zwischen dem Gewalt bejahenden Anarchismus und der sozialistischen Bewegung. In Deutschland hatte die Sozialdemokratie schon im ersten Jahrzehnt ihres Bestehens einen klaren Trennungsstrich zwischen sich und einem dem Anarchismus gegenüber anfälligen linken Sektierertum gezogen. Wilhelm Hasselmann und Johann Joseph Most, die in der politischen Versenkung verschwanden, war 1880 der Laufpaß gegeben worden. Anarchistische Gewalttaten wurden auch nicht auf deutschem Boden verübt, dennoch wirkten sie stark in die deutsche politische Szene hinein. Die Erinnerung an das Attentat auf Zar Alexander II. (1881) wurde 1892/1893 durch schwere Anschläge in Frankreich, Italien und Spanien aufgefrischt. Im November 1893 zeigte sich Wilhelm II. beunruhigt und regte Maßnahmen gegen die anarchistische Bewegung an[19]. Spektakulär, und den Vorgang der ›Umsturzvorlage‹ auslösend, waren im Juni 1894 zwei Anschläge auf zwei europäische Staatsmänner. Am 16. Juni 1894 mißglückte ein Attentat auf den italienischen Ministerpräsidenten Crispi; am 24. Juni 1894 wurde der französische Staatspräsident Carnot von dem italienischen Anarchisten Caserio in Lyon ermordet. Diese Ereignisse warfen in Deutschland die Gesetzgebungsmaschine an. Noch unter v. Caprivi wurde eine Bundesratsvorlage zur Verschärfung des strafrechtlichen Verfassungsschutzes erstellt. Dieser dem Parlament vom Nachfolger v. Caprivis, von Chlodwig Fürst zu Hohenlohe-Schillingsfürst (1894-1900), vorgelegte »Entwurf eines Gesetzes, betreffend Änderungen und Ergänzungen des Strafgesetzbuchs, des Militärstrafgesetzbuchs und des Gesetzes über die Presse«, war weit eher ein

Sozialisten- als Anarchistengesetz, getreu dem Standpunkt des Kaisers, daß Anarchisten und Sozialisten ohnehin »in einen Topf« gehörten.

Die ›Umsturzvorlage‹, von verabscheuungswürdigen politischen Mordtaten auf den Weg gebracht, sprach die Gefahr des Anarchismus nur am Rande an. In der ›Begründung‹ dieses Gesetzentwurfs wurde zugestanden, daß »der Anarchismus das Feld seiner verbrecherischen Thätigkeit bisher hauptsächlich im Auslande gesucht hat«[20]. Die beabsichtigte massive Verschärfung der Strafrechtsnormen traf so auch weniger die kleine Zahl der »im Inland ermittelten Anhänger des Anarchismus« als seinen vermeintlichen geistigen Nährboden: die politischen Anschauungen und die politische Arbeit der Sozialdemokratie. Die Sanktionen für politische Verbrechen und Vergehen wurden drastisch erhöht, doch die eigentliche Neuerung des Entwurfs waren die Einfügung eines neuen Paragraphen in das Strafgesetzbuch (129a) und die Neufassung des eh schon obrigkeitsstaatlich anrüchigen § 130 StGB. Nach § 129a sollte die Verabredung eines Verbrechens, das »auf den gewaltsamen Umsturz der bestehenden Staatsordnung« abzielte, auch dann mit Zuchthaus bestraft werden, wenn der Entschluß der Verübung in Handlungen keine Bestätigung fand. Wenn man so will, hat in diesem Paragraphen der heutige § 129a (Bildung terroristischer Vereinigungen) seinen Vorläufer. Doch der gravierende Unterschied liegt in der begrifflichen Fassung des Tatbestandes ›gewaltsamer Umsturz der bestehenden Staatsordnung‹. Hierzu heißt es in der ›Begründung‹: »Im Sinne des Entwurfs gehören zur Staatsordnung nicht nur die eigentlichen Verfassungseinrichtungen, sondern auch die gesellschaftlichen Grundlagen des staatlichen Verbandes, soweit sie im geltenden Rechte Anerkennung und Schutz finden, vor allem die Familie und das Eigenthum, ohne welche der Bestand eines geordneten Staatswesens für unsere Anschauungen ausgeschlossen ist«. Mit dem Hinweis auf die Gewaltsamkeit des Umsturzes konnte sich der Gesetzgeber nicht dem Verdacht entziehen, mehr als nur die sozialrevolutionäre Aktion im Auge zu haben. In weiten Teilen der Öffentlichkeit und von der Mehrheit des Reichstags wurde der ›Entwurf‹ als das beurteilt, was er im Kern war: ein Versuch, die sozialkritische Auseinandersetzung mit bestehenden Autoritäten und Zuständen zu kriminalisieren.

Dieser Eindruck ergab sich vor allem auch aus der Ergänzung des § 130 StGB. Bestraft werden sollte nicht nur derjenige, der zu Gewalttätigkeiten anreizte, sondern auch der, »welcher in einer den öffentlichen Frieden gefährdenden Weise die Religion, die Monarchie, die Ehe, die Familie oder das Eigenthum durch beschimpfende Äußerungen öffentlich angreift«. Wäre der ›Entwurf‹ Gesetz geworden, hätten die obersten deutschen Gerichte das bekommen, was sie so inbrünstig zur Verfolgung politischer Delikte für nötig hielten. Motiviert war der ›Entwurf‹ von der Frage, »ob nicht auf dem Boden des gemeinen Rechts eine Verstärkung der staatlichen Schutzmittel gegenüber den offenkundigen, Ordnung und Sitte untergrabenden Bestrebungen mancher unserem Staats- und Kulturleben feindlichen Elemente herbeizuführen sein möchte«. Die ›feindlichen Elemente‹ waren die Bannerträger ›sozialdemokratischer Gesinnung‹, in den Augen des Gesetzgebers ausschließlich darauf bedacht, »breite Schichten der Bevölkerung mit den Grundbedingungen unseres staatlichen und gesellschaftlichen Lebens zu verfeinden«.

Im Mai 1895 scheiterte die ›Umsturzvorlage‹ im Reichstag. Sie ist ein Dokument politischer Verbohrtheit und mangelnden politischen Differenzierungsvermögens. Insofern aber ist sie mehr als juristisches Anhängsel des deutschen Obrigkeitsstaates – sie gehört zu seinem Wesen. Die ›Umsturzvorlage‹ hat die Legitimationsbasis der politischen Justiz nicht verbreitern können, wohl aber trug sie zur Festigung einer Geisteshaltung bei, welche die ›politische Justiz‹ in den beiden letzten Jahrzehnten des Deutschen Kaiserreichs weiter in die Niederungen politischer Gesinnungsschnüffelei absinken ließ.

5. Die Weltkriegszeit:
Politische Justiz vor dem Hintergrund der nationalen Gemeinschaftsparole

Mit dem Ausbruch des Ersten Weltkriegs schien die politische Justiz des Kaiserreichs ihren Richtpunkt verloren zu haben. Die Sozialdemokratie konnte kaum mehr des proletarischen Internationalismus und der Aufopferung des Vaterlandes bezichtigt werden. Was in der deutschen Öffentlichkeit als nationale Konversion der politischen Arbeiterbewegung umjubelt wurde, war in Wahrheit ein schmerzhafter Prozeß, der die Keime der späteren Spaltung in sich trug. Nur schwer hat die Sozialdemokratie die These vom aufgezwungenen nationalen Verteidigungskrieg akzeptieren können. Der österreichisch-serbische Konflikt wurde lange Zeit aus dem Blickwinkel der pazifistischen Überzeugungen und der Ablehnung jedes kapitalistischen Expansionskrieges gesehen. Erst die russische Mobilmachung führte zu einem Einstellungswandel. Das autokratische System Rußlands war für die deutsche Sozialdemokratie das Symbol der Fortschrittsfeindlichkeit in Politik und Gesellschaft schlechthin.

Auch war in der Julikrise 1914 der Versuch gescheitert, die internationale Arbeiterbewegung als Gegengewicht zu dem auf den Krieg zutreibenden Egoismus der europäischen Nationalstaaten zu formieren. Die Bemühungen der Sozialistischen Internationale Ende Juli, für den 9. August einen Kongreß mit dem Tagungsthema ›Der Krieg und das Proletariat‹ nach Paris einzuberufen, wurden bezeichnenderweise von einem politischen Mord durchkreuzt. Einer der bedeutendsten sozialistischen Friedenspolitiker Europas, Jean Jaurès, fiel am 31. Juli 1914 dem Anschlag eines französischen Chauvinisten zum Opfer. Die Sozialistische Partei Frankreichs, nach der deutschen die stärkste der zur Zweiten Internationale gehörenden Arbeiterparteien, geriet in den Bann der nationalen Emotionen. Sie verzichtete auf den Generalstreik als Mittel der Friedenssicherung, bewilligte nicht nur die Kriegskredite, sondern trat mit ihren führenden Mitgliedern in die bürgerliche Regierung ein und trug die Politik der internationalen Krisenanheizung mit. Der schüchterne Versuch sozialdemokratischer Kontaktaufnahme mit der französischen Bruderpartei scheiterte kläglich.

Nicht nur die internationale Entwicklung, sondern auch die Abkehr der Reichsregierung von der bisherigen Ausgrenzungspolitik gegenüber der Sozialdemokratie erleichterten dieser den Schritt ins nationale Lager. Im Juli kam der Reichskanzler mit den obersten Zivil- und Militärbehörden überein, im Falle eines Krieges nicht mit Sicherungsmaßnahmen gegen die Sozialdemokratie vorzugehen, sondern den Versuch der Herstellung einer nationalen Einheitsfront unter Einschluß der politischen Arbeiterbewegung zu unternehmen. Die Gesprächsbereitschaft ihrer bisherigen Unterdrücker beeinflußte die Haltung der sozialdemokratischen Reichstagsfraktion in der Frage der bevorstehenden Kriegskreditvorlage. Noch während im Fraktions- und Parteivorstand um die Kreditbewilligung gerungen wurde, gab der Kriegsminister v. Falkenhayn am 31. Juli 1914 den Militärbefehlshabern den innenpolitischen Kurswechsel der Reichsleitung bekannt: »Nach sicherer Mitteilung hat die Sozialdemokratische Partei die feste Absicht, sich so zu verhalten, wie es sich für jeden Deutschen unter den gegenwärtigen Verhältnissen geziemt. Ich halte es für meine Pflicht, dies zur Kenntnis zu bringen, damit die Militärbefehlshaber bei ihren Maßnahmen darauf Rücksicht nehmen«[21].

Die ›sichere Mitteilung‹ des Kriegsministers über den sozialdemokratischen Dienst am Vaterland unterschätzte jedoch die Unterschiede innerhalb der Führungsgruppe der Sozialdemokratie. In der Fraktionssitzung vom 3. August 1914 brachen sie offen aus. Zwar bekannte sich die Mehrheit der Fraktion angesichts der russischen Generalmobilmachung zu der Überzeugung, daß der Fall eines Verteidigungskrieges gegeben sei und daher auch der Arbeiterschaft die Pflicht obliege, durch Zustimmung zu den Kriegskrediten ihren Einsatz für die Exi-

stenz und Unabhängigkeit der Nation zu beweisen. Doch eine
beträchtliche Minderheit lehnte die Kreditbewilligung ab. Es
gab 78 Ja- und 14 Nein-Stimmen; gegen 24 Stimmen beschloß
die Fraktion für die Abstimmung im Reichstag den Fraktions-
zwang. Die einstimmige Bewilligung der Kriegskredite in der
Reichstagssitzung vom 4. August 1914 täuscht über die tiefen
Meinungsverschiedenheiten innerhalb der politischen Arbeiterbewegung hinweg. Es gab eine Resistenz gegenüber dem
Sog des Chauvinismus, die mehr war als Störfaktor des ›Burgfriedens‹.

Sozialdemokratischer Disziplin folgend, verlas – entgegen
der eigenen Überzeugung – der Parteivorsitzende Haase die
Zustimmungserklärung seiner Fraktion zu den Kriegsgeset-
zen: »Für unser Volk und seine freiheitliche Zukunft steht bei
einem Sieg des russischen Despotismus, der sich mit dem Blute
der Besten des eigenen Volkes befleckt hat, viel, wenn nicht
alles auf dem Spiel. Es gilt diese Gefahr abzuwehren, die Kultur und die Unabhängigkeit unseres eigenen Landes sicherzustellen. Da machen wir wahr, was wir immer betont haben:
Wir lassen in der Stunde der Gefahr das eigene Vaterland nicht
im Stich«[22]. Der Reichstag spendete der Zustimmung der Sozialdemokraten lebhaften Beifall. Er wußte nicht, daß diese
sich in einer Sitzungspause zu einem Fraktionsbeschluß gegen
das Einstimmen in das Kaiserhoch durchgerungen hatten, mit
dem diese denkwürdige Reichstagssitzung endete.

Der am 4. August 1914 proklamierte ›Burgfrieden‹ bedeutete keineswegs das Aus für die politische Justiz des Kaiserreichs. Zwar hatte diese ihre traditionelle Mitte verloren, doch
um so interessanter wurden die Ränder des politischen Spektrums.

Auch die politische Strafjustiz war in den Jahren des Ersten
Weltkriegs von den Reglementierungen des ›Kriegszustands-
rechts‹ betroffen. Es fußte auf dem preußischen Belagerungs-
zustandsgesetz vom 4. Juni 1851 und war am 31. Juli 1914
aufgrund der kaiserlichen Verordnung über die Verhängung
des Kriegszustands in Kraft getreten. Das Kriegszustandsrecht

brachte den Übergang der vollziehenden Gewalt auf die Militärbehörden mit sich. Die 62 Militärbefehlshaber des Reichs wurden de facto Vorgesetzte der Zivilbehörden, die zwar in ihren Funktionen verblieben, aber gegenüber dem Militär weisungsgebunden waren. Mit der Verhängung des Kriegszustands geriet auch die politische Justiz unter die Fittiche der Militärbefehlshaber. Und das auf zweifache Weise. Einmal war das Militär berechtigt, in die Arbeit der ordentlichen Strafgerichte einzugreifen; und zum anderen konnte es selbständig Schutzhaftmaßnahmen bei einzelnen Personen vornehmen. Der dem Militär durch das Kriegszustandsrecht eröffnete Handlungsspielraum wurde während des Ersten Weltkriegs konsequent zur Ausschaltung der politischen Linken genutzt, die bis zur Spaltung der Sozialdemokratie im April 1917 deren innerparteiliche Opposition war.

Die Justizgelüste der Militärbefehlshaber glaubte selbst der Kriegsminister dämpfen zu müssen. In einem Schreiben an die stellvertretenden Generalkommandos vom August 1915 warnte er vor einer überzogenen ›Behandlung innerpolitischer Fragen‹[23]. Er erinnerte an die große Stunde des bei Kriegsausbruch geschlossenen ›Burgfriedens‹, den er durch übereilte politische Strafaktionen der Militärbehörden nicht zusätzlich gefährdet sehen wollte. »Der Kriegsausbruch ließ alle politischen Gegensätze verschwinden. Während sich im Felde die wehrhaften Männer aller Berufe und Stände in begeisterter Entschlossenheit dem Feinde entgegenstellten, fanden sich auch im Lande unter dem – im Drange der großen Ereignisse ganz von selbst entstandenen – ›Burgfrieden‹ alle Parteien zu gemeinsamer Arbeit zusammen. Nur so wurde die gewaltige Kraftäußerung im Felde und gleichzeitig die erfolgreiche Kriegsorganisation im Lande ermöglicht«. Das Schreiben des Kriegsministers feiert noch einmal das »Vaterlandsgefühl« der Sozialdemokratie, aber es ist ein Feiern auf schwankend gewordenem Boden. »Erst nach der längeren Dauer des Krieges wagt sich in der Partei und in der Öffentlichkeit die radikale, unbelehrbare Gruppe um Liebknecht und Genossen wieder mehr und mehr hervor. Ihr Bestreben ist, in den sozialdemokratisch gesinnten Volkskreisen die internationale Gedankenwelt wieder zu beleben. Dies wird durch Anfachung von Kriegsmüdigkeit und Friedenssehnsucht sowie durch Herbeiführung von tendenziösen Erörterungen über Kriegsziele versucht«.

Die Linke geriet in dem Maße ins Zielfeuer der politischen Militärjustiz, wie ihre Argumente gegen den Krieg durch dessen Verlauf an Durchschlagskraft gewannen. Für den Kriegsminister war ein »gerichtliches Vorgehen« zwar geboten, wenn auch nicht in jedem Fall opportun. »Soweit vorbeugende Maßregeln, die Beeinflussung der Presse durch persönliches Benehmen und dergleichen nicht wirksam oder angebracht, sondern Abwehrmaßnahmen notwendig sind, muß vermieden werden, durch zu scharfes Vorgehen gegen einzelne Persönlichkeiten oder Zeitungen Märtyrer zu schaffen. ... Bei allen erforderlichen Maßnahmen darf nicht der Anschein erweckt werden, als richteten sie sich gegen die sozialdemokratische Partei als solche und nicht rein sachlich und unparteiisch gegen jede Schädigung unseres Landes. Den radikalen, unbelehrbaren Elementen darf keinesfalls die Möglichkeit gegeben werden, es nachträglich so darzustellen, als sei die in *Wirklichkeit* aus der großen Zeit geborene, vaterländische innere Entwicklung mit Hilfe der während des Krieges erhöhten behördlichen Machtmittel *künstlich* hervorgebracht worden«.

Der Appell des Kriegsministers an die Militärbehörden, in politischen Strafsachen Augenmaß zu wahren, hat den Exponenten der radikalen Linken wenig genutzt. Die Verführung war zu groß, durch »behördliche Machtmittel« der Auflösung der nationalen Geschlossenheit entgegenzuwirken. Als Karl Liebknecht am 1. Mai 1916 auf einer Friedenskundgebung der Linken in Berlin »Nieder mit dem Krieg! Nieder mit der Regierung!« rief, wurde er verhaftet und vor ein Kriegsgericht gestellt[24]. Die Anklage lautete auf versuchten Landesverrat, Ungehorsam gegen die Gesetze und Widerstand gegen die Staatsgewalt. Liebknecht wurde zu über vier Jahren Zuchthaus und Aberkennung der bürgerlichen Ehrenrechte verurteilt. Es bedurfte erst eines Feilschens zwischen Parteigrößen und Militärinstanzen im Vorfeld der Revolution von 1918, damit Liebknecht am 23. Oktober 1918 aus der Strafhaft entlassen wurde. Rosa Luxemburg war bereits ein Opfer der politischen Justiz, als der Erste Weltkrieg begann. Am 20. Februar 1914 war sie in Frankfurt wegen »Aufforderung zum Ungehorsam« zu einem Jahr Gefängnis verurteilt worden[25]. Das Frankfurter Urteil hatte den Straftatbestand als dadurch erfüllt angesehen, daß Rosa Luxemburg in einer Versammlung dazu aufgerufen hatte, im Kriegsfall das Erheben der »Mordwaffen« abzulehnen. Am 18. Februar 1915 trat sie ihre Strafe an, doch auch nach deren Verbüßung blieb sie in Haft. Kraft einer Verfügung des Oberkommandierenden in den Marken wurde sie am 16. Juli 1916 in Schutzhaft genommen. Das Frauengefängnis in Berlin, die Festung Wronke in Posen und das Gefängnis in Breslau waren die Stationen ihrer Vollzugskarriere, die mit der Aufhebung des Schutzhaftbefehls am 8. November 1918 endete.

Die Schicksale der Heroen der späteren Kommunistischen Partei sind bekannt. Unbekannt ist bisher ein in den Akten der Gerichtsbehörden abgelegter Vorgang geblieben, der sie betrifft und der auf seine Weise ein Stück Kontinuität politischer Justiz und politischer ›Kriminalität‹ in Deutschland verkörpert.

Im Juli 1933 forderte der Reichsminister für Volksaufklärung und Propaganda, Joseph Goebbels, bei den Gerichtsbehörden »alte Strafakten« an, aus denen sich »die Schuld der KPD und SPD am Zusammenbruch 1918 ergibt. Insbesondere käme Material in Frage, durch das nachzuweisen ist, daß Angehörige dieser Parteien an hochverräterischen Unternehmungen, Verteilung illegaler Flugblätter, Landesverrat, Herbeiführung von Munitionsarbeiterstreiks und dergleichen beteiligt gewesen sind. Eventuell dürften die Verfahren gegen Liebknecht von Interesse sein. . . . Es ist beabsichtigt, in diesem Jahr um den 9. November herum Veröffentlichungen über die

Schuld des Marxismus am Zusammenbruch zu bringen«[26]. Das Oberlandesgericht Düsseldorf schickte zwei Bände »Akten betr. Strafsache gegen Rosa Luxemburg und Genossen«. Sie wurden nach der Ausschlachtung durch das Propagandaministerium, die leider nicht mehr zu eruieren ist, nach Düsseldorf zurückgeschickt. Der der einsitzenden Rosa Luxemburg gemachte und sich über die Jahre des Ersten Weltkriegs hinziehende Prozeß ist ein eindrucksvolles Dokument politischer Justiz in Deutschland, und er zeugt auch von dem, was Otto Kirchheimer hintersinnig den ephemeren Charakter der politischen Justiz genannt hat.

Im April 1915 übersandte das Stellvertretende Generalkommando des VII. Armeekorps in Münster dem Ersten Staatsanwalt in Düsseldorf das erste Exemplar der Zeitschrift »Die Internationale«. Die Beschlagnahme hatten die Militärbehörden bereits verfügt. Der Kommandierende General schrieb: »Ich finde in einzelnen Stellen, wo zur Tat und zu Opfern gleich denen des Krieges aufgefordert wird, die ausdrückliche Aufreizung zur Revolution. Ich ersuche daher, gegen Verfasser, Herausgeber und Verleger die strafrechtliche Verfolgung einzuleiten«[27]. Am 15. April 1915 war »Die Internationale« als »Monatsschrift für Praxis und Theorie des Marxismus« auf den Markt gekommen. Sie verdankte ihre Entstehung der Initiative Rosa Luxemburgs. Noch vor ihrer Verhaftung hatte sie den Leitaufsatz »Der Wiederaufbau der Internationalen« verfaßt. Auch hatte sie die Prominenz der den ›Burgfrieden‹ ablehnenden Linken zur Mitarbeit gewinnen können. Clara Zetkin schrieb den Aufruf »Für den Frieden«, und Franz Mehring nahm »Unsere Altmeister und die Instanzenpolitik« ins Visier. Stein des Anstoßes für Militär- und Justizbehörden war aber vor allem Rosa Luxemburgs schonungslose Abrechnung mit der Kriegspolitik der Sozialdemokratie. Ihre Invektiven ließen auf der Bühne der Geschichte ein Stück historischer Paradoxie ablaufen: Die politische Justiz des Kaiserreichs spielte in ihm den Beschützer desjenigen, den sie jahrzehntelang verfolgt hatte.

»Am 4. August 1914 hat die deutsche Sozialdemokratie politisch abgedankt und gleichzeitig ist die sozialistische Internationale zusammengebrochen«, mit diesem lapidaren Satz leitete Rosa Luxemburg ihren Aufsatz ein[28]. Im Mittelpunkt stand die Verwerfung des »freiwillig übernommenen Eunuchentums« der Sozialdemokratie. »Noch nie, seit es eine Geschichte der Klassenkämpfe, seit es politische Parteien gibt, hat es eine Partei gegeben, die in dieser Weise, nach fünfzigjährigem unaufhörlichem Wachstum, nachdem sie sich eine Machtstellung ersten Ranges erobert, nachdem sie Millionen um sich geschart hatte, sich binnen vierundzwanzig Stunden so gänzlich als politischer Faktor in blauen Dunst aufgelöst hat, wie die deutsche Sozialdemokratie«. Sie sei der »Schildknappe des Imperialismus im gegenwärtigen Kriege« geworden und handele nach dem Motto: »Proletarier aller Länder, vereinigt euch im Frieden und schneidet euch die Gurgeln ab im Kriege!« Rosa Luxemburg wollte den »Klassenkampf« als das »übermächtige Daseinsgesetz des Proletariats« auch für die Kriegssituation reklamieren. »Entweder der Klassenkampf oder die Klassenharmonie ist der fundamentale Faktor des gesellschaftlichen Lebens im Kriege wie im Frieden«. Diese Fundamentalopposition zur Burgfrieden-Politik der Sozialdemokratie fand in den ersten Kriegsjahren politisch eine nur schwache Resonanz. Um so massiver aber war die Reaktion der Gerichtsbehörden. Der Staat, der die Sozialdemokratie seit den Tagen des Sozialistengesetzes geknebelt hatte, spannte in der Stunde der Not gleichsam einen forensischen Schutzschirm vor seinem neuen Bündnispartner auf.

Gegen die Autoren und Herausgeber der »Internationale« wurde noch im April 1915 Anklage wegen der Aufforderung zum Ungehorsam gegen Gesetze und rechtsgültige Verordnungen (§§ 110 und 111 StGB) und der Anreizung zum Verbrechen der tätlichen Widersetzlichkeit in einem zum Belagerungszustand erklärten Orte (§ 9c des Belagerungszustandsgesetzes) erhoben. Die drei Hauptangeklagten, Rosa Luxemburg, Clara Zetkin und Franz Mehring, wiesen die Beschuldigung mit dem Hinweis auf die *politische* Zielrichtung ihrer Äußerungen zurück. Doch die spätere Anklageschrift sollte deutlich machen, daß gerade in ihren ›politischen Verfehlungen‹ die Erfüllung von Straftatbeständen gesehen wurde.

Rosa Luxemburg wurde im Frauengefängnis in Berlin vernommen. Auf die Frage des Untersuchungsrichters, ob sie etwas auf die Beschuldigung erwidern wolle, erklärte sie: »Ich habe die mir zugegangene Schrift ›Die Internationale‹ vollständig durchgelesen, ebenfalls habe ich den Beschluß betr. die Eröffnung der Voruntersuchung vom 4. Juni 1915 in Abschrift erhalten. Ich bin auch jetzt nicht in der Lage, mich zu äußern, da ich weder in meinem Aufsatz ›Der Wiederaufbau der Internationalen‹, noch in den übrigen Artikeln die Aufforderung zum Ungehorsam gegen Gesetze und Verordnungen, sowie der von der Obrigkeit getroffenen Anordnungen, noch zu Begehung strafbarer Handlungen erblicke; ebenso wenig bin ich mir bewußt, durch den Inhalt der Broschüre zur tätlichen Widersetzlichkeit aufgefordert und angereizt zu haben. Wer die Geldgeber zur Herausgabe der Zeitschrift gewesen sind, weiß ich nicht. Ich würde ihre Namen auch nicht nennen, wenn sie mir bekannt wären. Die Adressen der übrigen Mitarbeiter der Zeitschrift, soweit sie nicht angeschuldigt sind, anzugeben, lehne ich ab. Seit dem 18. II. 15 verbüße ich hier eine einjährige Gefängnisstrafe wegen Verg. gegen § 110 StGB (Urteil der Strafkammer des Landgerichts Frankfurt/M. vom 20. II. 14). Meine Strafhaft läuft somit am 18. II. 16 ab«. Ob der sich hinschleppende Prozeß gegen die Herausgeberin und Autorin der »Internationale« bei der Verhängung der Schutzhaft eine Rolle gespielt hat, konnte nicht geklärt werden; viel, so die Einleitung des Verfahrens durch die Militärbehörden, spricht aber dafür.

Im Juli 1915 wurde Clara Zetkin in Stuttgart vernommen. Auch sie bestritt entschieden strafrechtliches Vergehen. Der Zweck ihres Artikels sei vielmehr gewesen, »der deutschen Sozialdemokratie die Verpflichtung einzuschärfen, für den

Frieden kräftige Propaganda zu entfalten. Zu diesem Zwecke habe ich in dem Artikel zunächst gezeigt, was in den anderen Ländern in dieser Beziehung bereits geschehen ist. Des weiteren habe ich dargelegt, daß die Gründe nicht stichhaltig sind, auf die sich die Sozialdemokratie offiziell beruft, um eine Friedensagitation zu unterlassen. Ich kam zu der Schlußfolgerung, daß, wenn die Sozialdemokratie nichts für den Frieden tut, die breiten Massen des Volkes doch ihre Stimmen für den Frieden erheben sollen. Was nun die Mittel betrifft, mit denen die Friedensagitation betrieben werden soll, so kommen die dem Volke verfassungsgemäß zustehenden Rechte und Mittel in Betracht. Ich habe in erster Linie daran gedacht, es solle in der Presse und in Versammlungen der Wille des Volkes zum Frieden zur Kenntnis der Regierung gebracht werden. ... Mein ganzer Artikel ist in der Hauptsache nichts anderes als eine Polemik gegen die Leitung der deutschen Sozialdemokratie, die nicht energisch genug für den Frieden eintritt«.

›Polemik gegen die Sozialdemokratie‹ rückte während des Ersten Weltkriegs in die Nähe von ›Staatsverbrechen‹. Dieser Prozeß unterstreicht, daß die Staatsnähe der deutschen Sozialdemokratie *auch* ein ›künstlicher‹ Vorgang im Sinne der Äußerung des Kriegsministers war, bei dem mit »behördlichen Machtmitteln« kräftig nachgeholfen wurde. Daß der innerparteiliche Gegner mit außerparteilichen Mitteln zum Schweigen gebracht werden konnte, war für die in die Bredouille geratene Sozialdemokratie schon verführerisch.

Franz Mehring betonte vor dem Königlichen Amtsgericht in Berlin die von allen Mitarbeitern getragene »Tendenz« der Zeitschrift, »diejenigen Mitglieder der Sozialdemokratie, welche s. Zt. für Bewilligung der Geldmittel zur Kriegsführung gestimmt haben, von der Unrichtigkeit ihrer Ansichten zu überzeugen und zu veranlassen, alle ihre Kräfte innerhalb des gesetzlichen Rahmens für einen baldigen Frieden einzusetzen«.

Im November 1915 verfaßte der Erste Staatsanwalt in Düsseldorf seine Anklageschrift. Sie verwarf die ›Einlassung der

Angeschuldigten‹, sie hätten »lediglich wissenschaftliche Selbstkritik« üben und »in der Sozialdemokratie streitig gewordene Fragen« erörtern wollen. Unter Anklage stand eine »Grundanschauung«, die Positionen ablehnte, denen sich die ›offizielle Sozialdemokratie‹ angenähert hatte. In den Augen des Staatsanwalts war Rosa Luxemburg, Clara Zetkin und Franz Mehring der »Begriff einer durch gemeinsame Abstammung, Überlieferung und Kultur gewordenen Volksgemeinschaft fremd«; sie verbreiteten die Auffassung, »als ob die Arbeiterschaft überhaupt keinen Anteil an dem gegenwärtigen Kriege habe. Es findet sich kein Wort davon, daß dieser Krieg Deutschland von Feindesseite aufgezwungen worden ist und daß es sich um einen Kampf zur Verteidigung der Grenzen und zur Aufrechterhaltung deutscher Eigenart und Sitte handelt«. Es hat nichts mit Geschichtsklitterung zu tun, wenn man aus diesen Worten die Argumente der späteren NS-Justiz zur Liquidierung des politischen Gegners heraushört. Die Links-Phobie der politischen Justiz in Deutschland ist ein Phänomen mit historischer Tiefenstaffelung.

Der Prozeß gegen Rosa Luxemburg und Genossen schleppte sich durch die Jahre des Ersten Weltkriegs hin. 1916 wurde das Verfahren gegen Clara Zetkin, 1917 das gegen Franz Mehring wegen krankheitsbedingter Verhandlungsunfähigkeit abgetrennt. Beide Verfahren wurden schließlich eingestellt. Nur Rosa Luxemburg als die eigentliche »Hauptschuldige« stand weiterhin unter Anklage. Doch im Dezember 1917 hatten sich die äußere Lage und der innere Zustand Deutschlands im Vergleich mit den ersten Kriegsjahren sehr geändert. Ein Siegfrieden war in weite Ferne gerückt, und die Sozialdemokratie seit April 1917 in Mehrheitssozialdemokraten und Unabhängige (USPD) gespalten. Die Gegner des Krieges waren keine politische Randgruppe mehr, sondern eine immer breiter werdende Bewegung, die in sich unterschiedliche politische Kraftzentren ausbildete.

Vor diesem Hintergrund schlug der Staatsanwalt, der die Strafsache gegen Rosa Luxemburg betrieben hatte, eine Neubewertung ihrer Vergehen vor[29]. Es war eine politische, keine juristische Neubewertung, und sie zeigt, in welchem Maße politische Justiz politisch kontextabhängig ist. Angriffe auf die Sozialdemokratie waren zu Beginn des Krieges als Anreizungs- und Aufforderungshandlungen im Sinne des politischen Strafrechts ausgelegt worden. An der Jahreswende 1917/1918 schrieb der Erste Staatsanwalt in Düsseldorf an den preußischen Justizminister: »Wenn diese Auffassung auch im April des Jahres 1915, als die Zeitschrift erschien, unter den damaligen Verhältnissen durchaus gerechtfertigt war, so läßt sich doch nicht verkennen, daß jetzt nach Ablauf von fast drei Jahren unter den veränderten Verhältnissen, insbesondere nachdem die Erörterung der Kriegsziele durch die Presse freigegeben und die Stellung der einzelnen politischen Parteien dazu in der Presse allgemein einen viel schärferen Ausdruck findet, der zur Anklage stehende Artikel der Angeklagten Luxemburg wahrscheinlich eine andere Beurteilung erfahren würde. Ich erachte es daher zur Zeit nicht mehr im öffentlichen Interesse liegend, diesen Artikel zum Gegenstande einer Verhandlung vor dem Strafrichter zu machen, da jetzt mit der Möglichkeit einer Freisprechung der Angeklagten gerechnet werden muß«.

Das Verfahren gegen die Autorin Luxemburg wurde mit Zustimmung des preußischen Justizministeriums niedergeschlagen; sie selber freilich blieb in Schutzhaft. Wie schutzlos aber diejenigen waren, die einmal auf die Bannmeile der politischen Justiz geraten waren, zeigt das weitere Schicksal von Rosa Luxemburg. Auch für die Weimarer Zeit und die Zeit des Nationalsozialismus gilt: Erst die Geschichte ist die eigentliche Revisionsinstanz in politischen Strafsachen. Oft hebt ihr Urteil gesprochene Urteile in einer Weise auf, die sowohl den Ankläger wie den Beschuldigten bloßstellen kann.

IV. Politische Justiz
und politische Verbrechen
in der Weimarer Zeit

1. Die Justiz als Schwachstelle der Weimarer Demokratie

Nur eine oberflächliche Betrachtung kann zu der Annahme führen, daß sich in der Weimarer Zeit im Verhältnis ›Justiz und Staatsverbrechen‹ nichts anderes geändert habe als das politische Vorzeichen. So wahr es ist, daß der monarchische Obrigkeitsstaat mit überzogenen strafrechtlichen Mitteln sich gegen die Herausforderung von ›links‹ zu behaupten suchte, so klar werden durch das Schicksal der Weimarer Republik die Unzulänglichkeiten in der Selbstverteidigung der ersten deutschen Demokratie vor Augen geführt. Sie hatte sich der Gefahr des doppelten politischen Extremismus zu erwehren und ist letztlich daran gescheitert, daß viele Repräsentanten ihrer Institutionen die linke Szene mit Argusaugen beobachteten, während sie gegenüber den kriminellen Aktivitäten des rechten politischen Spektrums beide Augen zudrückten. Gefordert war die Weimarer Demokratie von ›links‹, gefährdet und zerstört wurde sie von ›rechts‹. Der strafrechtliche Republikschutz scheiterte ebenso an seinen strukturbedingten Mängeln wie an einem Typwandel des ihn fordernden Phänomens: der politischen Kriminalität.

Die politische Justiz war in den zwanziger Jahren mehr Schwachstelle als Aktivposten der Weimarer Demokratie. Sie machte sich einer verhängnisvollen Einseitigkeit im Umgang mit politischen Vergehen und Verbrechen schuldig. Die Kommunisten bekamen die volle Schärfe des Gesetzes zu spüren, während die rechte Gefahr unterschätzt wurde. Die Milde, die politische Mordtaten und Umsturzversuche der nationalen Rechten fanden, hat ihre Gründe in der Herkunft und der traditionsbedingten Nähe der Justiz zu den Normen des demokratiefeindlichen, monarchischen Obrigkeitsstaates. Zu den vielen Versäumnissen, die der deutschen Revolution von 1918 anzulasten sind, gehört fraglos auch die unterbliebene demokratische Durchforstung des Justizapparats. Die Anwendung juristischer Methoden auf politische Probleme war noch in der Weimarer Zeit von vordemokratischen Denkweisen und Handlungsmustern geleitet. Die Juristen entstammten dem konservativ-bürgerlichen Milieu, das traditionell rechts stand; ihr Standesbewußtsein fußte auf den politischen Wertorientierungen des Kaiserreichs und stand daher außerhalb der Republik. Viele politische Prozesse in den zwanziger Jahren endeten mit Urteilen, an denen Vor-Urteile einen großen Anteil hatten. Karl Dietrich Bracher hat mit Recht auf die Mitwirkung der Justiz am Scheitern der Weimarer Republik und ihrer Überwältigung durch autoritäre und totalitäre Bewegungen verwiesen. Es sei angebracht, »die Weimarer Justiz zu einem guten Teil als Voraussetzung und Quellgrund des ›Dritten Reiches‹ zu betrachten«[1]. Ihre Anti-Linkseinstellung zieht sich wie ein roter Faden durch die Geschichte der Weimarer Republik. Die hier liegende Problematik soll im folgenden an der Hochverrats-Judikatur und der Aburteilung politischer Delikte erörtert werden.

Es ist schon ein Symptom für die politische Schlagseite der Justiz in der Weimarer Republik, wenn in ihren Anfängen eine Versammlung der Oberstaatsanwälte der Provinz Westfalen den Schulterschluß »betreffend Bekämpfung der kommunistischen Bewegung« vollzog und Polizei- und Gerichtsbehörden »zu energischem und unnachsichtigem Durchgreifen gegenüber den kommunistischen Bestrebungen« antrieb[2]. Motiv war die Rekonstituierung dessen, was in der Novemberrevolution verlorengegangen zu sein schien. »Auch ist das Staatsgefühl der Bevölkerung durch die gewaltsame Umwälzung der Staatsform, die wiederholten Amnestien und das leidenschaftliche Auseinanderstreben der Parteien verwirrt und abgestumpft, derart, daß es den Kommunismus überhaupt nicht mehr in voller Deutlichkeit als Hochverrat empfindet... Man muß sich voll darüber klar sein, daß es sich bei der Bekämpfung der kommunistischen Bewegung um den Schutz der Verfassung, von Recht und Gesetz und um die Erhaltung der Staatsordnung überhaupt handelt«[3].

2. Die Hochverrats-Judikatur der Weimarer Justiz

Die erste große Krise hatte die noch ungefestigte Weimarer Demokratie mit dem Spartakusaufstand vom Januar 1919 zu bestehen. Kommunisten, USPD und Revolutionäre Obleute riefen in Berlin zum Sturz der »Regierung Ebert-Scheidemann« auf, weil sie, nicht zuletzt durch personelle Weichenstellungen an der Spitze der Berliner Polizei, die Revolution verraten glaubten. Die Berliner Januar-Unruhen von 1919 wurden durch das Militär beendet, doch sie hatten ein die Justizgeschichte der Weimarer Republik prägendes gerichtliches Nachspiel. Zum ersten Mal wurde auf die Hochverratsnorm des überlieferten Strafrechts zur Ausschaltung der radikalen Linken zurückgegriffen. Zwar blieb mit Georg Ledebour, dem Führer der Unabhängigen, die Prominenz verschont; Ledebour wurde nur wegen Landfriedensbruchs vom Berliner Schwurgericht angeklagt. Doch in einer Reihe von Fällen verhängte das für Hochverratssachen zuständige Reichsgericht gegen Teilnehmer an den Januarkämpfen schwere Freiheitsstrafen wegen vollendeten Hochverrats, wobei es die nach der Revolution faktisch geschaffene vorläufige Staatsordnung als »Verfassung im Sinn der Hochverratsnorm« anerkannte[4]. Die Staatsschutzvorschriften des überlieferten Strafrechts dienten als Mittel, die Revolution im Sinne des von der Mehrheitssozialdemokratie vertretenen revolutionären Kompromisses zu stabilisieren. Die Justiz hat eine wichtige Rolle beim ›Versanden‹ der deutschen Revolution von 1918/19 gespielt. Sie hat damit auch Sand ins Getriebe eines demokratischen Erneuerungsprozesses geworfen, der die obrigkeitlichen Strukturen in Bürokratie, Militär und Wirtschaft hätte abbauen können. Das Strafrecht des monarchischen Staates wurde zum Fallstrick seiner demokratischen Veränderung.

In den Januar-Prozessen argumentierte die Verteidigung vergeblich mit den rechtlichen Folgewirkungen der politischen Zäsur des 9. November 1918. Die forensisch besiegelte Rechtskontinuität war eine zentrale Voraussetzung für die sich allmählich wiederherstellende politische und administrative Kontinuität. Ohne Gehör zu finden, beriefen sich die Angeklagten darauf, daß es sich bei den Januarkämpfen nicht um einen Angriff von Aufständischen gegen die bestehende Staatsgewalt und Staatsordnung, sondern um das Ringen zweier ebenbürtiger revolutionärer Parteien um die politische Macht gehandelt habe. Mit seiner Entscheidung vom 24. April 1919 legitimierte das Reichsgericht ebenso den mehrheitssozialdemokratischen Revolutionskurs, wie es den auf das Rätesystem zusteuernden der Kommunisten stigmatisierte: »Der Kampf um die politische Macht war zu der in Frage kommenden Zeit [Januar 1919] sowohl im Reich wie in den deutschen Bundesstaaten bereits zu einem gewissen Abschluß gelangt. Nach der Verdrängung der Bundesfürsten war die Oberste Staatsgewalt auf einen Rat der Volksbeauftragten übergegangen, in dessen Händen sich seitdem die gesamten Machtmittel des Reichs vereinigten, und der auch gewillt war, sich ihrer zur Ausübung der Regierung zu bedienen. Die Reichsregierung hatte sich bis dahin überall durchzusetzen und mit Hilfe der ihr zu Gebote stehenden Machtmittel auch die vereinzelten Angriffe widerstrebender Volksgruppen mit Erfolg abzuwehren vermocht. Das reicht aus, ihrer tatsächlich ausgeübten Herrschaft die rechtliche Anerkennung zu sichern. Lag aber die oberste Regierungsmacht beim Rat der Volksbeauftragten, so war für eine neben ihr hergehende zweite (oberste) Gewalt im Staat kein Platz, und es kann deshalb keine Rede davon sein, daß die Partei, die im Januar 1919 der Regierung den Kampf ansagte, ihr als eine gleichberechtigte politische Macht hätte gegenübertreten dürfen«[5].

Die politische Justiz griff der politischen Entwicklung weit voraus. Die Macht des Rats der Volksbeauftragten und der ihm nachfolgenden Regierung der Weimarer Koalition (SPD; DDP; Zentrum) war keineswegs so gefestigt, wie die Gerichtsentscheidung das unterstellte. Es war eine politische Entscheidung mit Rückwirkungen auf das Feld politischen Handelns. Die Sozialisierungsbewegung im Ruhrgebiet vom Frühjahr 1919 war ebenso Ausdruck der Labilität der bestehenden Ordnung wie der im April in München unternommene und sehr bald durch Freikorps blutig niedergeworfene Versuch einer bayerischen Räterepublik. Kommunistische Aufruhrbewegungen wie 1920 im Ruhrgebiet oder kommunistisches Herandrängeln an die Macht wie 1923 in Sachsen fanden die Justiz als Hüter der politischen Ordnung von Weimar stets auf dem Posten. Angesichts der immer dogmatischeren Umsturzpolitik der KPD fuhr die Justiz schärfstes Geschütz auf; dennoch wäre der Vorwurf einer einseitigen Tendenzjustiz gegen ›links‹ nicht an ihr hängengeblieben, wenn sie mit gleicher Aufmerksamkeit den Republikschutz gegen ›rechts‹ wahrgenommen hätte. Die Demontage der Weimarer Demokratie durch die nationale Rechte war weit wirkungsvoller, als die von ›links‹ gelegten Brandherde es waren.

Die Justiz der Weimarer Zeit hat mit zur Verharmlosung der rechten Gefahr beigetragen. Klassische Beispiele sind die Hochverratsverfahren gegen die Anführer des Kapp-Putsches (vom März 1920) und des Hitler-Putsches (vom November 1923). Der Versuch des Alldeutschen Wolfgang Kapp, mit Hilfe der von General v. Lüttwitz befehligten Marinebrigade Ehrhardt die Regierungsgewalt in die Hand zu bekommen, scheiterte am Widerstand der gewerkschaftlich organisierten Arbeiterschaft und am dilatorischen Verhalten der Ministerialbürokratie. Bei der Aburteilung der »Führer und Urheber des Unternehmens«, das keineswegs ein Kavaliersdelikt war und um ein Haar die Weimarer Staats- und Verfassungsordnung ausgehebelt hätte, legte sich das Reichsgericht Samthandschuhe an. Der General v. Lüttwitz befand sich im Ausland, Kapp war während der Untersuchungshaft gestorben. Nur der frühere Regierungspräsident Traugott v. Jagow wurde wegen vollendeten Hochverrats zu fünf Jahren Festungshaft verurteilt. Das war die Mindeststrafe für dieses Delikt, dessen Höchststrafe in lebenslangem Zuchthaus bestand. Die übrigen Angeklagten wurden in dem Urteil vom 21. Dezember 1921 freigesprochen, weil sie nicht »Führer oder Urheber« waren und so unter das Amnestiegesetz für politische Vergehen vom 4. August 1920 fielen.

»In dubio pro reo« war der Glaubenssatz der politischen Justiz in Verfahren, die gegen die politische Rechte anhängig waren. Zu den spektakulärsten gehörte zweifellos das vor dem Volksgericht München I wegen des Hitler-Putsches vom November 1923 geführte. Die Selbsternennung Hitlers zum Reichskanzler war eine Seifenblase, die ebenso schnell zerplatzte, wie der Demonstrationszug der Putschisten zur Feldherrnhalle durch die Polizei auseinandergetrieben wurde. Dennoch konnte sich dieser Staatsstreichversuch auf eine breite Sympathisantenszene stützen. Aus ihr ragte Ludendorff als opportunistischer Gönner und Drahtzieher hervor. Die Anklage gegen die rechten Aufrührer konnte nicht vor dem Staatsgerichtshof zum Schutze der Republik erhoben werden, da sich Bayern aus den Verfahrensbestimmungen des Republikschutzgesetzes vom Juli 1922 ausgeklinkt hatte. Das Volksgericht München verurteilte am 1. April 1924 vier Angeklagte, an ihrer Spitze Hitler, wegen des »Verbrechens des Hochverrats« zu je fünf Jahren Festungshaft; gegen fünf weitere Angeklagte erkannte das Gericht wegen Beihilfe zum Hochverrat auf je ein Jahr und drei Monate Festungshaft. Ludendorff wurde »von der Anklage eines Verbrechens des Hochverrats unter Überbürdung der ausscheidbaren Kosten auf die Staatskasse freigesprochen«[6].

Das politisch durchsichtige Lavieren der Urteilsbegründung ist die bezeichnende Kehrseite juristischen Eifers in den Kommunistenprozessen. Zwar sah das Gericht den Tatbestand des Hochverrats bei den Hauptangeklagten als objektiv gegeben an, doch Ludendorffs Freispruch wurde damit begründet, daß er »nur« an der »Idee einer verfassungsmäßigen Reichsdiktatur [habe] arbeiten wollen«. Auch der »Deutschösterreicher« Hitler fand devote Wertschätzung. »Er betrachtet sich als Deutscher. Auf einen Mann, der so deutsch denkt und fühlt wie Hitler, der freiwillig viereinhalb Jahre lang im deutschen Heere Kriegsdienste geleistet, der sich durch hervorragende Tapferkeit vor dem Feinde hohe Kriegsauszeichnungen erworben hat, verwundet und sonst an der Gesundheit beschädigt und vom Militär in die Kontrolle des Bezirkskommandos München I entlassen worden ist, kann nach Auffassung des Gerichts die Vorschrift des § 9 Abs. 2 des Republikschutzgesetzes ihrem Sinne und ihrer Zweckbestimmung nach keine Anwendung finden«. Der in der Gerichtsentscheidung zitierte Paragraph schrieb bei politischen Delikten zwingend die Ausweisung von Ausländern vor. Was hätte in der deutschen Geschichte nicht alles verhindert werden können, wenn in den zwanziger Jahren die dritte Gewalt im Staat dem eigenen Anspruch auf Überparteilichkeit auch Rechnung getragen hätte!

Das Münchener Volksgericht war nicht das einzige deutsche Gericht, das dem Nationalsozialismus das juristische Imprimatur erteilte. Die nationale Basisarbeit der Justiz soll an anderer Stelle noch angesprochen werden; in der Hochverratsrechtssprechung unterstreicht der ›Ulmer Reichswehrprozeß‹, daß am Ende der Weimarer Republik die Justiz nicht nur wohlwollender Beobachter der nationalen Bewegung, sondern deren Gefangener war.

Vor dem Reichsgericht hatten sich im Oktober 1930 drei Reichswehroffiziere wegen Vorbereitung des Hochverrats zu verantworten[7]. Sie waren angeklagt, Verbindungen zur NSDAP aufgenommen zu haben, um im Falle eines nationalsozialistischen Putsches Reichswehr und NSDAP-Führung kurzschließen zu können. Es sollte vermieden werden, daß die Reichswehr auf putschende Nationalsozialisten schoß. Das Gericht sah den Tatbestand der Vorbereitung des Hochverrats als gegeben an und verurteilte die drei Offiziere zu geringen

Festungshaftstrafen. Auch hier ist die Urteilsbegründung das eigentlich Interessante, weil sich in ihr politische Präferenzen und juristische Deduktionen vermischen.

Die Frage nach dem hochverräterischen Charakter der NSDAP ging das Gericht mit spitzen Fingern an. Es vernahm Hitler als Zeugen und nahm den von ihm geleisteten ›Legalitätseid‹ als gegeben hin. Auch die Justiz wurde zu dieser Zeit vom Sog der nationalsozialistischen Bewegung erfaßt, die auf der politischen Ebene in den Septemberwahlen des Jahres 1930, als ihre Reichstagsmandate von 12 auf 107 anstiegen, den entscheidenden Durchbruch erzielt hatte. Die Glaubwürdigkeit Hitlers wuchs mit seiner Durchsetzungsfähigkeit; Fragen der politischen Moral, die die fragwürdigen Voraussetzungen und Methoden der nationalsozialistischen Erfolge hätten beleuchten können, wurden nicht mehr gestellt. In Winkeladvokatenmanier führte das Reichsgericht über die Vernehmung Hitlers aus: »Den Angeklagten ist zur Last gelegt, daß es ihr Bestreben gewesen sei, in der Reichswehr einen günstigen Boden für eine nationalsozialistische Umsturzbewegung zu schaffen. Dem Senat schien es deshalb von Bedeutung aufzuklären, welche Stellung der Führer der NSDAP zu der Frage einnahm, ob von der Partei ein solcher Umsturz beabsichtigt war. Adolf Hitler hat die Frage unter Eid auf das entschiedenste verneint; er hat mit unzweideutigen Worten erklärt, daß er seine Ziele nur noch auf *streng legalem Wege* verfolge, daß er den Weg in München im November 1923 nur ›aus Zwang‹ gegangen sei und diesen Weg schon deshalb nicht mehr beschreite, weil er bei dem wachsenden Verständnis, das Deutschland der völkischen Freiheitsbewegung entgegenbringe, ein *illegales Vorgehen gar nicht nötig* habe; die Gewalt falle ihm mit der Zeit *auf legalem Wege* von selbst zu . . .«[8]

Das Jahr 1933 bestätigt Hitlers Prognose von 1930 nur in einem verfassungsjuristisch verkürzten Sinne. Der legale Weg der Gewalterlangung war ein Weg der Gewalt, der *auch* durch Urteile der politischen Justiz abgeschirmt wurde. Das im ›Ulmer Reichswehrprozeß‹ gefällte Urteil fiel im Strafmaß deshalb so niedrig aus, weil das Gericht die subjektive Einschätzung der NSDAP als Umsturzpartei durch die Angeklagten an dem vermeintlich objektiven Charakter dieser Partei als Legalitätspartei maß.

3. Politik und politischer Mord in den zwanziger Jahren

Hochverratsunternehmen waren in den zwanziger Jahren ein Frontalangriff gegen die Weimarer Demokratie. Ihre Substanz aber wurde ausgehöhlt durch die Permanenz einer politischen Kriminalität, die auch den politischen Mord zur Erscheinung des politischen Alltags werden ließ. Ein politischer Gewaltakt mit Symbolgehalt für die inneren Gefährdungen der Weimarer Republik fiel in ihre Geburtsstunde. Am 15. Januar 1919 wurden die beiden Führer der radikalen Linken, Karl Liebknecht und Rosa Luxemburg, ermordet. Nachdem das Militär dem Spartakusaufstand ein blutiges Ende bereitet hatte, fühlte sich die paramilitärische Rechte zur Fortsetzung ihres blutigen Handwerks bemüßigt. Eine ›Bürgerwehr‹ trieb die sich verborgen haltenden Karl Liebknecht und Rosa Luxemburg in Wilmersdorf auf. Sie wurden dem Stab der Garde-Kavallerie-Schützen-Division übergeben, der sie vernahm und von übergeordneter militärischer Stelle Weisung erhielt, beide in das Untersuchungsgefängnis Moabit zu überstellen. Schon der getrennte Abtransport verlief unter entwürdigenden Umständen. Beim Verlassen des Stabsquartiers wurde Rosa Luxemburg durch Kolbenschläge eines Postens schwer verletzt, und auch gegenüber Karl Liebknecht kam es zu Mißhandlungen. Soldaten der Begleitmannschaft erschossen Karl Liebknecht während der Fahrt durch den Tiergarten. Vermutlich wurde auch Rosa Luxemburg schon während der Fahrt erschossen; man fand ihre Leiche Monate später im Landwehrkanal.

Es ist nicht zu beweisen, aber viel spricht dafür, daß die lasche Reaktion auf das bestialische Verbrechen an den Füh-

rungsfiguren der Linken die Schleusen für politische Mordtaten in der Weimarer Zeit geöffnet hat. Die vom Stab der
Garde-Kavallerie-Schützen-Division verbreitete Version des
Tathergangs war durch amtliche Untersuchungen schnell widerlegt. Karl Liebknecht und Rosa Luxemburg wurden nicht
die Opfer einer spontanen Ausschreitung, sondern mit Bedacht von Angehörigen des Militärs umgebracht. Zwar ver-
dammte die von der Mehrheitssozialdemokratie gestellte politische Führung den »Akt der Lynchjustiz« und ordnete »die
strengste Untersuchung« der Vorfälle an. Doch in ihrer offiziellen Verlautbarung konnte sich die Reichsregierung nicht
des Hinweises enthalten, daß »die beiden Getöteten . . . sich
zweifellos schwer am deutschen Volke vergangen« hatten[9].

Es gehört zu den Versäumnissen der Revolutionsregierung,
die Demobilisierung nur zaghaft betrieben zu haben. So un-
terstanden im Mordfall Liebknecht/Luxemburg die Mörder
und Mordgehilfen auch weiterhin der aus dem Kaiserreich ererbten Militärstrafgerichtsordnung und waren davor bewahrt,
sich vor einem ordentlichen Gericht verantworten zu müssen.
Eine Verordnung des Rats der Volksbeauftragten hatte Anfang Dezember 1918 zwar gewisse Abänderungen des Militärstrafgesetzbuchs und der Militärstrafgerichtsordnung vorge-
nommen, diese selber aber nicht aufgehoben. Daher standen
nach der gesetzlichen Zuständigkeitsregelung die für die
Mordtat Verantwortlichen vor dem Feldkriegsgericht ihrer eigenen Division. Es hat ohne Frage am politischen Willen gefehlt, diesem Mißstand zu begegnen und eine Gerichtszustän-
digkeit herbeizuführen, die die dunklen Prozeßpraktiken des
Feldkriegsgerichts ausgeschlossen hätte. Wenn dem Untersu-
chungsführer, Kriegsgerichtsrat Paul Jorns, in der Öffentlichkeit vorgeworfen wurde, er habe nicht alles Erforderliche unternommen, um die Lücken der Beweiserhebung zu schließen,
ist das höchst zurückhaltend ausgedrückt. Eher dürfte der Ankläger schon zur Verdunkelung des Tathergangs beigetragen
haben. 1928 war seine Rolle Gegenstand eines Beleidigungs-
prozesses[10]. Zwar entschied das Reichsgericht gegen einen Re-

dakteur, der in einem Artikel im »Tagebuch« Jorns beschuldigt hatte, »absichtlich« die Wahrheit im Fall Liebknecht/Luxemburg vertuscht zu haben; doch Vertuschung und Verdunkelung waren für jeden seriösen Prozeßbeobachter das Kennzeichen dieses Verfahrens und seines Ausgangs. Acht Offiziere und ein Husar der Division waren angeklagt. Der Mordvorwurf wurde gemäß dem Grundsatz ›Im Zweifel für den Angeklagten‹ fallengelassen. Nur der Husar, der die Kolbenschläge ausgeteilt hatte, wurde wegen versuchten Mordes in Tateinheit mit gefährlicher Körperverletzung zu einer Gefängnisstrafe verurteilt. Die Todesschützen gingen frei aus. Der Führer der Begleitmannschaft wurde wegen Wachvergehens zu zwei Jahren und zwei Wochen Gefängnis verurteilt; ein Leutnant erhielt eine Strafe von sechs Wochen Stubenarrest, weil er den Husar zu decken versucht hatte; sechs Angeklagte sprach das Gericht frei. Es war ein Kriegsgericht, doch das Fatale war, daß in der Weimarer Zeit die ordentliche Gerichtsbarkeit in politischen Strafsachen in seine Fußstapfen trat.

Die politische Kriminalität spiegelt in den zwanziger Jahren die politische Zerrissenheit der ersten deutschen Demokratie präzise wider. Der Nationalismus der Rechten wurde angefacht durch die mit dem Versailler Frieden verbundenen tiefen politischen Demütigungen Deutschlands sowie durch die drückende Last der Reparationen. Politiker, die eine Gratwanderung zwischen nationaler Würde und nüchterner Beurteilung der Situation wagten, wurden als Erfüllungspolitiker diffamiert. Zu ihnen gehörte der Zentrumspolitiker Erzberger, der nach der Revolution im Juni 1919 im Kabinett Gustav Bauer (SPD) das schwierige Amt des Reichsfinanzministers übernommen hatte. Er war für die Rechte geradezu die Symbolfigur eines die nationalen Interessen verratenden Erfüllungspolitikers. Im März 1920 verlor er einen von ihm gegen den deutschnationalen ehemaligen Bankier und Staatssekretär Karl Helfferich angestrengten Beleidigungsprozeß und trat als Finanzminister zurück.

Das Reparationsproblem mit seinen jedes Maß übersteigenden Forderungen der Siegermächte war in den Anfängen der Weimarer Republik der zentrale Faktor politischer Instabilität. Die Kabinette wechselten in rascher Folge, und auch die Reichstagswahlen vom Juni 1920 brachten keine tragfähige parlamentarische Mehrheit. Unter dem Kanzler Fehrenbach (Zentrum) wurde eine Regierungsbildung ohne die Sozialdemokratie versucht (mit den Parteien des rechten und linken Liberalismus, DVP und DDP), doch auch diese rein bürgerliche Zusammensetzung mußte im Mai 1921 das Handtuch werfen. Josef Wirth (Zentrum) machte mit der Weimarer Koalition einen neuen Anlauf, die auf 132 Milliarden Goldmark hochgeschraubten Zahlungsforderungen der Alliierten politisch zu implementieren.

Vor dem Hintergrund der über die Frage ›Für oder gegen die Erfüllungspolitik?‹ tief gespaltenen und von Emotionen vergifteten deutschen Innenpolitik ist Erzbergers Ankündigung vom Sommer 1921 zu sehen, in die Politik zurückzukehren. Ein politischer Mord setzte diesen Plänen ein Ende. Erzberger wurde am 26. August 1921 bei Bad Griesbach (Schwarzwald) von ehemaligen Offizieren, die der geheimen rechtsradikalen ›Organisation Consul‹ angehörten, ermordet. Die Täter entkamen ins Ausland. Dieses Attentat war der Beginn des Einbruchs politischer Gewaltkriminalität in die Politik. Diese reagierte konsterniert und konnte sich erst nach einem zweiten Schock zur Inangriffnahme eines repressiven Republikschutzes durchringen.

Noch am Tage des Erzberger-Attentats veröffentlichte die Reichsregierung einen Aufruf ›An das deutsche Volk‹[11]. Er sprach das Problem des »Verfalls« der »öffentlichen Sitten in Deutschland« mit aller Schärfe an. Doch politischer Mord war in der Weimarer Zeit mehr als Sittenverfall, er rührte an die Grundfesten der aus der Revolution hervorgegangenen neuen Staatsordnung. »In einer Zeit, in der alle Kräfte der Nation daran gesetzt werden müßten, die moralischen, sozialen und wirtschaftlichen Schäden des Krieges zu heilen, geht eine zügellose Agitation immer offener ans Werk, die politischen und staatlichen Fundamente zu untergraben, auf denen sich der Neubau des Deutschen Reiches erheben soll. Die Sprache der Presse, welche diesen unheilvollen Bestrebungen dient, wird von Tag zu Tag eindeutiger; sie zeigt, daß der Plan gewissenloser Elemente und Gruppen, die den gewaltsamen Umsturz der verfassungsmäßigen Ordnung betreiben, in weitere Kreise des Volkes getragen werden soll. Offen und in rohester Form wird in solchen Organisationen und in Versammlungen zu Gewalttaten an politischen Gegnern, ja zu Mord aufgefordert. Augenscheinlich halten die Führer dieser Bewegung die Zeit für gekommen, in der die Ziele nicht mehr verschleiert zu werden brauchen, sondern offen bekannt werden dürfen. Die Reichsregierung wird von dieser Bewegung als ein Klüngel unfähiger, schwächlicher und undeutscher Politiker dargestellt, deren Beseitigung patriotische Pflicht sei. Neben und in den Parteien, die in parlamentarischer Opposition stehen, gewinnen in letzter Zeit Organisationen, Vereine, Gruppen und Persönlichkeiten an Bedeutung, die aus Haß gegen die demokratisch-republikanische Staatsform offen zur Verachtung der Verfassung und Übertretung der Gesetze auffordern«.

Die Sprache des ›Aufrufs‹ war eindeutig, doch mit einer Verordnung des Reichspräsidenten gegen anti-republikanische Druckschriften, Vereinigungen und Versammlungen (vom 29. August 1921) ließ sich die Fundamentalbedrohung des Weimarer Staates durch die auf Gewalt setzende politische Kriminalität von rechts nur unzureichend abwehren.

Ähnlich wie Erzberger war auch Walter Rathenau eine negative Symbolfigur der Rechten. Der der DDP zugehörige Politiker hatte als Unternehmer und Organisator der Kriegswirtschaft wahrlich keine schmale nationale Leistungsbilanz vorzuweisen. Daß Rathenau Jude war, hatte für die Angriffe auf ihn eine wichtige Verstärkerfunktion. Mit Rathenau sollte die Fähigkeit der deutschen Politik zur Selbsterneuerung in Mißkredit gebracht werden. Im Januar 1922 war Rathenau als Reichsaußenminister in das zweite Kabinett Wirth eingetreten. Er war der Architekt des Rapallo-Vertrages vom April

1922, der der deutschen Außenpolitik durch den Brückenschlag zur Sowjetunion hin Entlastung vom politischen und ökonomischen Druck der Westmächte zu verschaffen suchte. Freilich war damit eine Preisgabe alter Ansprüche gegenüber Rußland aus der Zeit des Krieges verbunden. Rathenaus Außenpolitik geriet als Verzichtspolitik in das Sperrfeuer nationalistischer Angriffe. Dieser die Integrität des Weimarer Neuansatzes verkörpernde Politiker wurde am 24. Juni 1922 Opfer eines ruchlosen politischen Mordes. Ehemalige Offiziere begingen die Tat, deren Aufklärung die Breite des terroristischen Umfeldes zeigte. Die beiden Mörder Rathenaus fanden auf der Flucht den Tod, ihre Helfer standen im Oktober 1922 vor dem als Reaktion auf das Attentat gebildeten Staatsgerichtshof zum Schutze der Republik vor Gericht. Ernst v. Salomon führte die bekannten und weniger bekannten Rechtsradikalen an, die am 25. Oktober 1922 zu schweren Freiheitsstrafen verurteilt wurden[12].

In diesem Mordfall beließ es die Reichsregierung nicht bei Deklarationen. Sie konnte es auch nicht, weil die Kräfte, welche die Geburtshelfer der Weimarer Demokratie waren, in einer ernsten Stunde der inneren Gefährdung dieser Demokratie zu ihrer entschiedenen Verteidigung aufriefen. Auch das gehört zur Geschichte der politischen Kriminalität der Weimarer Zeit: Der politische Mord hinterließ nicht nur stille Empörung, sondern führte zu Formen öffentlichen Protests, denen es nicht um einen Abbau des Rechtsstaats, sondern um die Sicherung seiner rechtlichen Verbürgungen und seiner sozialstaatlichen Komponente ging.

Nach dem Rathenau-Attentat fanden an vielen Orten in Deutschland große Demonstrationsversammlungen statt. Die Freien Gewerkschaften, die Parteien der Weimarer Koalition und auch die Kommunistische Partei hatten zu ihnen aufgerufen. Das Interesse der bürgerlichen Parteien am Schutz der staatlichen Ordnung verband sich mit der Forderung der Linken, demokratische und soziale Errungenschaften der Novemberrevolution sicherzustellen. Am 27. Juni 1922 versammelten sich z. B. in Mönchengladbach mehrere tausend Leute, um gegen den Mord an Rathenau zu protestieren[13]. Es sprachen Gewerkschaftsvertreter, Sozialdemokraten und Kommunisten. Die Versammlung verabschiedete eine »Entschließung«, die den politischen Stellenwert des Rathenau-Attentats in der inneren Geschichte der Weimarer Republik klar zum Ausdruck bringt. Die in Mönchengladbach zusammengekommenen Demonstranten nahmen »mit Entrüstung Kenntnis von dem feigen Mord an dem Minister Dr. Walter Rathenau. Sie erblicken in dieser Mordtat ein Glied in der Kette reaktionärer monarchistischer Bestrebungen, welche darauf hinaus zielen, zuerst die Führer und dann die Republik selbst zu stürzen. Diese Morde sind Früchte am politischen Giftbaum der nationalistischen Presse, der monarchistischen und militaristischen deutschnationalen Partei und ihrer Hintermänner. Das gesamte schaffende Volk ist nicht gewillt, derartigen Bestrebungen und Verbrechen noch länger tatenlos zuzusehen. Die Versammelten protestieren dagegen und fordern von der Reichsregierung: 1. Sofortige Auflösung aller nicht unbedingt sicheren republikanischen Heeresformationen und Schaffung einer wirklichen republikanischen Reichswehr; 2. Sofortige Schaffung einer wirklichen republikanischen Gerichtsbarkeit; 3. Demokratisierung der Verwaltung mit dem Ziele: Besetzung aller wichtigen Staatsstellen mit ehrlichen Republikanern; 4. Sofortige Sicherung des vollen Mitbestimmungsrechts der Betriebsräte in den Betrieben und Schaffung demokratischer Beamtenräte. Von der Erfüllung dieser Forderungen hängt der Wille des Volkes ab, dauernd zum Schutze der Republik Gut und Blut einzusetzen«.

Die politischen Morde schwächten zwar die Weimarer Demokratie, sie schärften aber zugleich das Bewußtsein für ihre aus der Revolution von 1918/19 ererbten Schwachstellen. Der Abbau des Achtstundentages, der Symbolwert für das ›schaffende Volk‹ besaß; die im Betriebsrätegesetz von 1920 steckengebliebene Mitbestimmung; die immer mehr zur sozialen Realität werdende Klassenjustiz – alles das waren Punkte, die erst noch abgehakt sein wollten, wenn sich bei den sozialen Trägerschichten der Weimarer Republik die Überzeugung von deren Verteidigungswürdigkeit festigen sollte. Daß im Verlauf der zwanziger Jahre die Wellen der politischen Kriminalität über der ersten deutschen Demokratie derart zusammenschlagen konnten, hat auch mit deren sozialen Defiziten, mit der fortschreitenden Zurücknahme sozial- und rechtsstaatlicher Gewährleistungen zu tun.

Auch in einer Arbeiterregion wie dem Ruhrgebiet fanden nach dem Rathenau-Mord große Protestkundgebungen statt. Es war ein Redner der Demokraten, der auf einer Versammlung in Sterkrade auch den Mord an Liebknecht in die »lange Reihe von Morden« stellte[14]. »Die Reaktionäre greifen zum politischen Morde, weil ihre geistigen Waffen versagen«. Während Liberale und Sozialisten aus dem Mord an Rathenau die ›Lehre‹ zogen, »die Republik zu verteidigen«, setzten die Kommunisten andere Akzente. Der KPD-Redner forderte das Proletariat auf, seine Kraft auszunutzen. »Würde das Proletariat die Kraft ausnützen, dann müßte an jedem Laternenpfahle 1 Dutzend dieser Reaktionäre, die den Mord verursacht haben, hängen. ... Sollen wir die Feinde hassen oder lieben? Gewalt wird mit Gewalt vertrieben, wir wollen sie niederschlagen. Das Demonstrieren hat doch keinen Zweck«. Dieser Redner schloß mit einem Hoch auf die Internationale.

Es wäre sicherlich verfehlt, eine lokale KPD-Stimme zum Gradmesser der Republikpolitik der Kommunistischen Partei machen zu wollen. Doch auch diese Stimme ist ein Indiz für eine politische Zielsetzung, der es letztlich um die Überwindung, nicht um die Sicherung der Weimarer Demokratie ging. Der kommunistische Protest gegen den politischen Mord war nie frei von Hintergedanken. Auch auf das berechtigte Aufspießen von »Klassenjustiz« und »Justizterror« fiel der Schatten eines durchsichtigen Mobilisierungskalküls. So heißt es in einem geheimen Rundschreiben der KPD an alle Zellen und Ortsgruppen in der auf des Messers Schneide stehenden politischen Situation vom November 1932: »Die Klassenjustiz verhängt ungeheure Strafen gegen revolutionäre Arbeiter. Während auf der einen Seite die Nazis mit lächerlichen Strafen bedacht werden, werden revolutionäre Arbeiter für kleine Vergehen mit ungeheuren Zuchthausstrafen bestraft. Wir müssen gegen diesen Justizterror auf der Basis der Einheitsfrontpolitik eine breite Massenbewegung schaffen«[15].

Die demokratische Linke hatte in der Endphase der Weimarer Republik an zwei Fronten zu kämpfen: Einmal galt es, der kommunistischen Minierarbeit an der Basis Überzeugendes entgegenzusetzen, und zum anderen den brutalen Griff des Nationalsozialismus nach der Macht abzuwehren. Bei dem Prozeß der Herausdrängung der Parteien der Weimarer Koalition aus der politischen Verantwortung hat der Umstand eine Rolle gespielt, daß »politische Bluttaten« nicht nur zur Praxis der politischen Rechten gehörten. Auch die radikale Linke hatte am demokratiezerstörenden Würgegriff der politischen Kriminalität ihren Anteil. Nach einer Zusammenstellung des preußischen Justizministeriums wurden von den Septemberwahlen 1930 bis zum Juli 1932 153 »politische Bluttaten« verübt[16]. Allein 60 Verfahren waren seit April 1932 eingeleitet worden. Aus der »Parteizugehörigkeit der Täter« ergab sich, »daß fast genau je ein Drittel der Verfahren sich a) gegen links, b) gegen rechts und c) gegen Beteiligte aus beiden Lagern richten«. Für den früheren Zeitraum war das Verhältnis anders: 55 Prozent gegen links, 28 Prozent gegen rechts und 11 Prozent gegen Beteiligte beider »extremer Parteien«. Sicherlich gibt die Justizstatistik eher Aufschluß über die Arbeit der Justizbehörden als über die Schwerpunkte der politischen Kriminalität; aber unbestreitbar ist, daß auch die radikale Linke eine beträchtliche kriminelle Energie auf dem Feld der politischen Auseinandersetzung entfaltet hat.

4. Das Gesetz zum Schutze der Republik

Der Mord an Walter Rathenau leitete 1922 den denkwürdigen Versuch der Weimarer Republik ein, ihre demokratische Bauform mit den Mitteln des Rechts und in den Formen des Rechts zu verteidigen. Wenn dieser Versuch letztlich erfolglos blieb, lag das nicht an dem eingeschlagenen rechtsstaatlichen Weg. Vielmehr wurde der repressive Republikschutz zu häufig von Beamten durchgeführt, die keine innere Bindung an die Republik hatten und unfähig und auch nicht willens waren, sich aus den Gesinnungstraditionen des alten Obrigkeitsstaates zu lösen.

Noch am Tage des Rathenau-Mordes verpflichtete sich die Reichsregierung zu entschiedener Abwehr des wachsenden Terrors und Nihilismus, der sich unter dem Deckmantel nationaler Gesinnung verberge. »Die Republik ist in Gefahr«, hieß es in dem Aufruf vom 24. Juni 1922. »Ruchlose und nichtswürdige Verhetzung, die sich gegen die Staatsform richtet und ihre Diener für vogelfrei erklärt, treibt immer mehr unklare und politisch verblendete Köpfe zu Mordversuchen und Mord. Ein Netz von Verschwörungen droht, den inneren Frieden und die Grundlagen einer Erneuerung zu zerstören«[17]. Schnelles Handeln war für die Reichsregierung das Gebot der Stunde. Zwei Verordnungen zum Schutze der Republik wurden am 26. und 29. Juni 1922 erlassen[18]. Sie erweiterten die Straftatbestände des politischen Strafrechts, verschärften die Verbotsmaßnahmen gegen republikfeindliche Versammlungen, Vereinigungen und Druckschriften und führten den Staatsgerichtshof zum Schutze der Republik als ein Sonderstrafgericht für politische Straftaten ein. Der anlaufende Republikschutz war unzweideutig auf die kriminellen Aktivitäten rechtsradikaler Kreise gerichtet. Diesen Bezugspunkt machte auch der Reichskanzler Wirth am 25. Juni 1922 vor dem Reichstag in einer leidenschaftlichen Rede zum Gedenken Rathenaus klar. »Da steht der Feind, der sein Gift in die Wunden eines Volkes träufelt. – Da steht der Feind – und darüber ist kein Zweifel: dieser Feind steht rechts!«[19] Die Deutschnationalen, die diesem Urteil am entschiedensten widersprachen, waren es auch, die am 18. Juli 1922 das »Gesetz zum Schutze der Republik« als verfassungsänderndes Reichsgesetz ablehnten. Zur Verabschiedung des Republikschutzgesetzes war die verfassungsändernde Mehrheit notwendig, da der gesetzlich etablierte Staatsgerichtshof zum Schutze der Republik Verfassungsnormen tangierte, z. B. die des Anspruchs auf den ›gesetzlichen Richter‹. Mit den Stimmen des Zentrums, der DDP, der SPD, der USPD und der großen Mehrheit der DVP wurde das Republikschutzgesetz angenommen; gegen das Gesetz stimmten die DNVP, einige Abgeordnete der DVP, die BVP und der Bayerische Bauernbund. Das Republikschutzgesetz war auf fünf Jahre, beginnend am 23. Juli 1922, befristet. Die Einheit der Demokraten wurde während dieser Jahre immer löchriger. Koalitionszwänge brachten die Deutschnationalen in eine Schlüsselposition bei der Verlängerung des Republikschutzgesetzes. Nur unter Schwierigkeiten gelang diese 1927. Bereits 1926 waren die strafgerichtlichen Zuständigkeiten des Staatsgerichtshofs zum Schutze der Republik wieder auf die ordentlichen Gerichte übergegangen. Im 1928 gewählten Reichstag, der noch einmal eine Regierungsbildung der Großen Koalition (SPD; DDP; Zentrum; DVP; BVP) unter dem Sozialdemokraten Hermann Müller ermöglichte, fand sich keine ausreichende Mehrheit für eine nochmalige Verlängerung des Republikschutzgesetzes. Es trat am 23. Juli 1929 ersatzlos außer Kraft. Die Probleme des politischen Terrors und seines geistigen Umfeldes aber waren geblieben. Deshalb legte die Reichsregierung Anfang Dezember 1929 den Entwurf eines neuen Republikschutzgesetzes vor. Er enthielt keine Vorschriften mehr, die einer verfassungsändernden Mehrheit bedurften. Am 18. März 1930 verabschiedete der Reichstag das Zweite Republikschutzgesetz[20]. Es war vom 25. März 1930, also wenige Tage vor dem Rücktritt des Reichskabinetts der Großen Koalition, bis zum 20. Dezember 1932 in Kraft.

Die Strafbestimmungen des Zweiten Republikschutzgesetzes unterschieden sich nicht wesentlich von denen des Ersten, dennoch war ihnen nach der Auflösung des Staatsgerichtshofs zum Schutze der Republik der Zahn gezogen. Was nutzten die härtesten Strafen gegen Ministermord, staatsfeindliche Verbindungen, Verunglimpfung der »verfassungsmäßig festgestellten republikanischen Staatsform des Reichs«, Aufforderung zu politischer Gewalttätigkeit, wenn sie von einer Justiz angewandt wurden, deren Einstellung dem Willen des Gesetzgebers oft diametral entgegenstand?

Nur in der Anfangsphase des Republikschutzgesetzes vermochte der Staatsgerichtshof zum Schutze der Republik mutige Grenzziehungen gegenüber der rechten Gefahr vorzunehmen. In diese Zeit fällt auch ein Urteil, das das preußische NSDAP-Verbot bestätigte. Nach dem Republikschutzgesetz konnten »Landeszentralbehörden« ›Vereine und Vereinigungen‹ verbieten, die im Verdacht der Begehung strafbarer Handlungen standen. Am 15. November 1922 verbot der preußische Innenminister Severing durch Verfügung die NSDAP in Preußen[21]. Die Beobachtung der Nationalsozialistischen Deutschen Arbeiterpartei habe ergeben, daß diese Partei »in mehrfacher Beziehung gegen die Bestimmungen des Gesetzes zum Schutz der Republik verstößt«. Der Verdacht erscheine begründet, »daß es sich bei den Nationalsozialisten um eine staatsfeindliche Verbindung . . . handelt«. Der Staatsgerichtshof zum Schutze der Republik machte sich in seinem Urteil vom 15. März 1923 die Entscheidung des preußischen Innenministers zu eigen[22]. Er war der »vollen Überzeugung«, daß die nationalsozialistische Gefahr nicht verniedlicht werden dürfe. Bei dieser Partei handele es sich nicht um »gelegentliche republikfeindliche Erörterungen, sondern um ein planmäßiges, systematisches Vorgehen, also um Bestrebungen der Partei, die auf eine Verächtlichmachung, eine Beschimpfung der Republik geradezu abzielen. Bei der Stellung, welche die Partei dem Judentum gegenüber einnimmt, ist auch die Gleichsetzung der deutschen Republik mit ›Judenherrschaft‹

nicht anders als eine Beschimpfung der verfassungsmäßigen republikanischen Staatsform des Reichs aufzufassen«. Auch war der Staatsgerichtshof der Meinung, daß es die Nazis bei »Worten« nicht belassen würden. Diese »staatsfeindliche Verbindung« sei gewillt, »zur Erreichung ihrer Ziele nötigenfalls Gewalt anzuwenden«. »Die Partei arbeitet augenscheinlich auf die Errichtung einer nationalen Diktatur hin . . .«

Außer in Preußen wurde die NSDAP im Zusammenhang mit diesem höchstrichterlichen Entscheid in Baden, Hessen, Braunschweig, Oldenburg, Bremen, Lippe, Schaumburg-Lippe und Sachsen verboten. Ein Reichstagsbeschluß vom Juli 1924 durchkreuzte aber dieses Verbot und machte den »staatsfeindlichen« Charakter der NSDAP vergessen. Ohne den Staatsgerichtshof blieben die Waffen des Republikschutzgesetzes stumpf. Seine Bestimmungen konnten der Republik nur soweit Schutz gewähren, wie die Bereitschaft der Justiz zum Republikschutz reichte. Hier lag das Kardinalproblem der Selbstverteidigung der ersten deutschen Demokratie. Selbstverständnis und Verfahrensweise der ordentlichen Gerichtsbarkeit in politischen Strafsachen spiegeln zwei Prozesse gegen die Nazi-Prominenz aus den zwanziger Jahren. Diese in der Ablage unterer Gerichtsbehörden aufgefundenen Akten vermitteln einen Eindruck von der Basisarbeit der politischen Justiz, ihrer nationalen Verblendung und den nur schüchternen Versuchen, dem drohenden Unheil zu begegnen.

5. Die nationale Basisarbeit der Weimarer Justiz

Im März 1927 stand Robert Ley, Gauleiter der NSDAP im Rheinland, später Nachfolger Gregor Strassers als Reichsorganisationsleiter und Gründer und Organisator der Deutschen Arbeitsfront, in Düsseldorf vor Gericht[23]. Er war wegen Vergehens gegen das Republikschutzgesetz (Herabwürdigung der verfassungsmäßig festgestellten republikanischen Staatsform) angeklagt. Auf einer Versammlung der NSDAP, die von etwa

250 Personen besucht war, hatte er über das Thema »Die Diktatur des Proletariats, nicht aber die Diktatur über das Proletariat durch Banken- und Börsenschieber sowie marxistische Bonzen. Erwerbslosenelend und Vernichtung des Mittelstandes« gesprochen. Ein Kriminalassistent hatte in dienstlicher Eigenschaft an der Versammlung teilgenommen. Auf seine Zeugenaussage sowie auf die ›Einlassungen‹ des Angeschuldigten stützte sich die Anklage.

Ley hatte den Staat eine Judenrepublik genannt und davon gesprochen, daß das ganze System verseucht sei. Der Düsseldorfer Oberstaatsanwalt begründete den Antrag auf Eröffnung des Hauptverfahrens wie folgt: »Mit dem Ausdruck ›Judenrepublik‹ hat er sich einer Beschimpfung der republikanischen Staatsform des Reiches sowie des Landes Preußen im Sinne des § 8 Absatz 1 des Republikschutzgesetzes schuldig gemacht«. Ley bestritt in einem Schreiben an das Amtsgericht Düsseldorf nicht die Verwendung des Ausdrucks ›Judenrepublik‹, wohl aber, daß dieser Ausdruck eine Beschimpfung der gegenwärtigen Staatsform darstelle.

Es begann ein in vielem beschämendes juristisches Ringen um die politische Salonfähigkeit eines der Hauptpunkte der nationalsozialistischen Weltanschauung. Vergessen waren die Ausführungen im Verbotsurteil des Staatsgerichtshofs, die die Einstellung der NSDAP zum ›Judentum‹ gegeißelt hatten. Dieses Republikschutzgericht hatte 1923 die verfassungsmäßige republikanische Staatsform des Reichs durch die NSDAP insofern als untergraben angesehen, »als sie durch Entrechtung der deutschen Staatsbürger jüdischen Glaubens die Gleichstellung aller Deutschen vor dem Gesetz und ihre Zulassung zu öffentlichen Ämtern ohne Rücksicht auf das religiöse Bekenntnis sowie durch Beseitigung der Volksvertretung in ihrer gegenwärtigen Form des Parlamentarismus zwei Grundpfeiler der demokratischen Republik umzustürzen sucht«[24]. Vier Jahre später fanden Leys zynische Bemerkungen über die ›jüdische Verseuchung‹ der Republik bei deutschen Richtern durchaus offene Ohren. Man nahm ihm ab, was er mit plumper Argumentation zu seiner Verteidigung anführte: »Ich habe in längeren Ausführungen den übermäßigen Einfluß der Juden in unserem Volke nachgewiesen und daraus gefolgert, daß man von einer ›Judenrepublik‹ reden könne. Der Ausdruck Jude kennzeichnet laut Verfassung lediglich eine Konfession, also kann der Ausdruck unmöglich eine Beleidigung darstellen. Ich bitte deshalb, die Anklage des Oberstaatsanwaltes abzuweisen. Sollte die Anklage trotzdem zur Hauptverhandlung zugelassen werden, so stelle ich folgende Beweisanträge: 1. Daß der Jude einen übermäßigen Einfluß auf allen Gebieten unseres Staatslebens hat. 2. Daß der Jude laut Verfassung Staatsbürger erster Ordnung ist, der Ausdruck ›Jude‹ die Bezeichnung für eine Konfession darstellt, damit der Ausdruck ›Judenrepublik‹ absolut keine Beschimpfung darstellen kann«.

Das Amtsgericht in Düsseldorf lehnte den Antrag auf Eröffnung des Hauptverfahrens ab. Hier seine Begründung: »Der Angeschuldigte will mit dem Ausdruck ›Judenrepublik‹ die neue Rechts- und Gesellschaftsordnung in Deutschland, die unter hervorragender Beteiligung der Juden aufgerichtet wurde, und die übermäßige Macht und den übermäßigen Einfluß, den die im Verhältnis zur Gesamtbevölkerung kleine Anzahl der Juden in Deutschland tatsächlich ausübe, gemeint und kritisiert haben. Eine Beschimpfung der Republik habe er nicht beabsichtigt. Dies ist ihm nicht zu widerlegen«.

Man kann in der Tatsache, daß solche Prozesse überhaupt geführt wurden, den Beweis für die Entschlossenheit der Weimarer Republik sehen, sich nicht kampflos ihren Gegnern auszuliefern. Doch das war zu wenig. Der die Prozesse führenden Justiz hat es an Entschiedenheit gefehlt, die Herausforderung anzunehmen. Zu viele Deserteure tummelten sich an den Hauptverteidigungslinien der Demokratie. Zu ihnen gehörte nicht – das zu betonen, gehört *auch* zur historischen Wahrheit – der Ankläger im Düsseldorfer Ley-Prozeß. Er legte Beschwerde gegen den Beschluß des Amtsgerichts ein und erreichte doch noch die Eröffnung des Hauptverfahrens. In ihm wurde Ley zunächst einmal freigesprochen. Das Gericht, so die Urteilsbegründung, schenkte seiner »Sachdarstellung ... über den Inhalt, den Ideengang und den Ausklang seiner Erörterungen Glauben« und erachtete es für nicht erwiesen, »daß der Angeklagte in einem anderen Sinne als dem einer seiner Ansicht nach übermäßig großen Übermacht der Juden im Reiche auf wirtschaftlichem und kulturellem Gebiete von dem Staat als einer Judenrepublik gesprochen hat«. Auch gegen den Freispruch legte der Oberstaatsanwalt Berufung ein. Er kritisierte die politische Blindheit des Gerichts, das nicht habe sehen wollen, daß Ley mit seinen Invektiven gegen die Juden auf die Substanz der verfassungsmäßig festgestellten republikanischen Staatsform abzielte. »Mit dem Satze: ›Der Staat ist eine Judenrepublik‹ hat der Angeklagte gesagt, daß die deutsche Republik, wie sie sich auf der Grundlage der Verfassung entwickelt hat und nach seiner Auffassung infolge des durch die Juden hervorgerufenen Systems sich betätigt, nicht allen Volksgenossen gleiche Rechte einräume, wie es zum Wesen einer Republik gehört, sondern daß Juden, Banken- und Börsenschieber die Regierung der deutschen Republik infolge ihres geldlichen Einflusses von sich abhängig gemacht haben«. Ley habe die Vorstellung erwecken wollen, »daß der gegenwärtige Staat von Persönlichkeiten, insbesondere von Juden beherrscht werde, die Banken- und Börsenschiebern gleichzustellen seien. Bei dieser Sachlage hat der Angeklagte aber die verfassungsmäßig festgestellte Staatsform beschimpft«. Die Strafkammer des Düsseldorfer Gerichts hob den Freispruch gegen Ley auf. Sie verurteilte ihn wegen Vergehens gegen § 8 Ziffer 1 des Republikschutzgesetzes »anstelle einer an sich verwirkten Gefängnisstrafe von einem Monat zu einer Geldstrafe von 100,– (hundert) RM«. Im Gesetz zum Schutze der Republik war für das zitierte Vergehen »Gefängnis bis zu fünf Jahren, neben dem auf Geldstrafe bis zu einer Million Mark erkannt werden kann«, vorgesehen.

Das Republikschutzgesetz, das der politischen Rechten Zügel anlegen sollte, hat in seiner Durchführung nur zu oft zur Salvierung ihrer politischen Positionen geführt. Die politische Justiz war in der Weimarer Zeit keine Stütze der Demokratie, sondern hat an ihrem Grab mitgeschaufelt. Sie war mehr als einseitige Tendenzjustiz gegen ›links‹ – das war ihr Erbe aus der Bismarckzeit. Die Weimarer Justiz war *rechte Trendjustiz;* sie folgte ohne juristische Gewissensbisse den Zeitläuften, die in die nationalsozialistische Diktatur führten.

Aus dem Kreis der NS-Führungsgruppe gehört sicherlich Joseph Goebbels zu den infamsten Protagonisten einer das Recht zerstörenden Gewaltherrschaft. Er stand im Juli 1931 in Mönchengladbach vor Gericht. Auch dieser in den Akten eines Landgerichts aufgefundene Prozeß nahm einen denkwürdigen Verlauf und ein denkwürdiges Ende[25]. Ende Oktober 1930 hatte Goebbels vor über 3000 Leuten auf einer Parteiveranstaltung in Mönchengladbach gesprochen. Ein Vertreter der örtlichen Polizeibehörde stenographierte diese Rede mit, die für den Oberstaatsanwalt Anlaß war, einen Strafbefehl zu erlassen. Goebbels wurde des Vergehens nach § 5 Absatz 1 Ziffer 1 des Zweiten Republikschutzgesetzes angeklagt: Öffentliche Verächtlichmachung der republikanischen Staatsform. Die Goebbels-Rede vom 25. Oktober 1930 in Mönchengladbach ist ein Dokument politischer Brutalität; das sich anschließende Gerichtsverfahren zeigt die Rückgratlosigkeit der politischen Justiz, ihr politisches Kriechertum in der Endphase der Weimarer Republik.

Mit stolzgeschwellter Brust hob Goebbels zunächst den Anklang hervor, den seine Partei in den Septemberwahlen des Jahres 1930 gefunden hatte. »Was ich Ihnen heute als Partei präsentiere, wird morgen die Nation darstellen, das werden morgen die Herren von Deutschland sein. Die Wahrheit ist bei uns. Man hat vor 6 Jahren gelacht, aber das Lachen ist den Gegnern vergangen«. Dann begannen jene Haßtiraden auf das Weimarer ›System‹, die die Staatsanwaltschaft zu gerichtlicher Verfolgung nötigten. Einige Passagen seien zitiert. »Unter den Herren, die heute auf die Autorität des Staates schwören, die heute im Ministersessel sitzen, darunter sind welche, die früher die Jakobinermütze trugen, die auf den Barrikaden gestanden haben und welche gerufen haben: ›Schmiert die Guillotine‹. Das sind unsere großen Lehrmeister und wir sind nur ihre gelehrigen Schüler. Wir wollen nur mit anständigen Mitteln einen Staat vernichten, dem man dieses Prädikat nicht mehr geben kann«. »Wenn eine Quelle in sich vergiftet ist, wird sie immer wieder giftige Blasen heraufspülen«. Wenn ein System in sich korrupt sei, dann sei es natürlich, daß es immer wieder Leute wie den Reichskanzler Bauer hervorbringe. Gustav Bauer hatte als Sozialdemokrat im Juni 1919 die Reichsregierung geführt, die den Versailler Vertrag unterzeichnete. Goebbels nahm in seiner Rede kein Blatt vor den Mund: »Wir wollen die Macht, um ein System zum Sturz zu bringen, um mit der Beseitigung von feindlichen Männern auch feindliche Ideen zu beseitigen, um dem deutschen Volke ein anderes politisches Gesicht zu geben«. »Die Geschichte wird nicht mit Druckerschwärze, sondern mit Blut geschrieben!« – mit diesen Worten schloß er seine Ansprache.

Die gerichtliche ›Würdigung‹ dieser Republik- und Ministerbeschimpfung fand im Juli 1931 vor dem Landgericht in Mönchengladbach statt. Auch sie ging durch zwei Instanzen, in denen die Anklage auf sich allein gestellt blieb. Im ersten Verfahren wurde Goebbels besonders viel zugute gehalten. Nicht mit ihm beschäftigte sich das Gericht in erster Linie, sondern mit den stenographischen Kenntnissen jenes Polizeibeamten, der die inkriminierte Rede mitgeschrieben hatte. »Der Zeuge ist an sich mit dem Gedanken zu der in Rede stehenden Versammlung gegangen, besonders die Stellen aus der Rede des Angeklagten herauszugreifen, die ihm verdächtig vorkamen«. Aus diesem Grund, und weil er nur die Einheitskurzschrift, nicht aber die Debattenschrift beherrsche, sei seine Wiedergabe nicht »ganz genau«. Er könne etwas ›überhört‹ haben. »Es ist daher nicht ausgeschlossen, daß in dem Folgenden, von dem Zeugen Überhörten, Abschwächungen von vielleicht auf den ersten Blick gegen das Republik-Schutzgesetz verstoßenden Äußerungen erfolgten, die die zuerst gebrachten Worte in anderer Beleuchtung darstellten und eine Strafbarkeit ausschlossen. Es ist keine Garantie dafür gegeben, daß zwischen den angegriffenen Stellen andere Sätze eingeschoben waren, durch die der Sinn der Rede, bzw. der angegriffenen Stellen unter Umständen geändert ist«. Wie laut und vernehmlich mußten die Nazis eigentlich noch sprechen, damit die Justiz den Sinn ihrer Rede verstand!

Die weitere Argumentation der Urteilsbegründung belegt – und man darf die Praktiken dieses Verfahrens durchaus verallgemeinern –, daß ein Großteil der deutschen Richter die Nationalsozialisten nicht verstehen wollte oder nur zu gut verstand. Das Mönchengladbacher Gericht zog bei seiner »Beurteilung der Rede« auch den Umstand in Betracht, »daß es sich um eine Versammlung nach einem, wie die Wahlbeteiligung im Herbst 1930 zeigte, erbittert geführten Wahlkampf gehandelt hat, in dem die Partei des Angeklagten größere Erfolge erzielt hatte. Der Zweck des weiteren Werbens für die eigene Partei lag daher dem Angeklagten nahe«. Auch folgte das Gericht willig den von Goebbels im Verfahren selbst vorgebrachten ›Einlassungen‹. Er habe nicht die Staatsform gemeint, so Goebbels, sondern »nur die Männer, die unter dem Begriff Marxisten zusammengefaßt werden und die versagt haben«. Alles zusammennehmend kam das Gericht für Goebbels zu einem Freispruch erster Klasse, der sich wie ein Urteilsspruch über die Weimarer Republik liest. »Es konnte dem Angeklagten nicht bewiesen werden, daß er hat sagen wollen, die Republik, d. h. die verfassungsmäßig festgestellte Staatsform als solche müsse beseitigt werden. Es konnte dem Angeklagten nicht widerlegt werden, daß er nur die Art und Weise gemeint hat, wie regiert worden ist, aber nicht die Staatsform als solche, bzw. es konnte ihm nicht bewiesen werden, daß er gesagt hat, ein korruptes System sei typisch für eine Republik. Das Wort ›Staat‹ bedeutet nicht ohne weiteres die republikanische Verfassungsform, sondern auch eine Monarchie oder ein anderes staatsrechtlich mögliches Verfassungsgebilde stellt einen

›Staat‹ dar. Was das von dem Angeklagten gebrachte Beispiel von der vergifteten Quelle und dem in sich korrupten System angeht, so braucht mit ›System‹ nicht ohne weiteres immer die Staatsform gemeint zu sein. Unter Berücksichtigung des bzgl. der Beweiswürdigung Gesagten, erschien der Beweis nicht erbracht, daß Angeklagter das Beispiel als typischen Mißstand einer republikanischen Staatsform angeführt hat. Angeklagter behauptet von sich selbst, Republikaner zu sein. Er würde sich nun selbst einen Schlag ins Gesicht versetzen, wenn er mit seinen Worten etwas anderes hätte sagen wollen, als er behauptet, oder aber er müßte sich den Vorwurf der Unaufrichtigkeit und der Demagogie gefallen lassen. Es besteht aber kein Anlaß, das eine oder andere anzunehmen«.

Das sind bemerkenswerte und erinnerungswürdige Ausführungen eines deutschen Gerichts in den Schicksalsstunden der ersten deutschen Demokratie. Obwohl der Oberstaatsanwalt gegen das Urteil Berufung einlegte, blieb es auch in der zweiten Instanz beim Freispruch für Goebbels. Die Große Strafkammer des Landgerichts in Gladbach-Rheydt verwarf am 19. August 1931 die Berufung »auf Kosten der Staatskasse«. In diesem zweiten Durchgang berief sich Goebbels auf den von Hitler vor dem Reichsgericht geschworenen ›Legalitätseid‹. Das Mönchengladbacher Gericht nahm ihm die angemaßte Gesetzeskonformität ab. In den Augen der Berufungsrichter war »nicht jeder Angriff gegen das ›System‹ oder gegen Regierungsmitglieder . . . bereits auch ein Verstoß gegen § 5 des Republikschutzgesetzes«. »Angriffe, die sich unter Außerachtlassung der geltenden Verfassung nur gegen die Person und Art der derzeitigen Staatslenker richten und diese auf dem Boden der geltenden Verfassung nur durch andere, vielleicht auch ganz andersgeartete Personen ersetzen wollen, widerstreiten nicht dem republikanischen Gedanken und der durch das Republikschutzgesetz geschützten verfassungsmäßig festgestellten republikanischen Verfassung«.

6. Gewalt und Gewaltbekämpfung
in der Endphase der Weimarer Republik

Der Goebbels-Prozeß fiel bereits in eine Phase, in der die Grundmauern der Weimarer Demokratie ›von oben‹ und ›von unten‹ abgetragen wurden. Am 30. März 1930 hatte Heinrich Brüning seine nicht mehr parlamentarisch abgesicherte Kanzlerschaft angetreten. Es begannen die Jahre des – die verfassungsmäßigen Möglichkeiten des Reichspräsidenten ausschöpfenden – bürokratischen Notverordnungsregimes. Die Weltwirtschaftskrise mit ihren schweren sozialen Folgeproblemen war auch der Wurzelboden einer politischen Radikalisierung, die Gewalttätigkeit im politischen Kampf zum Alltag der letzten Jahre der Weimarer Republik werden ließ. Auf die sich verschärfende Bürgerkriegssituation reagierte der parlamentarisch amputierte Weimarer Staat durch den Rückgriff auf das Notverordnungsrecht des Reichspräsidenten. Seine Diktaturverordnungen führten zu einem gewaltigen Ausbau des repressiven Staatsschutzes. In den Jahren 1930 bis 1932 verdrängten die aufgrund des Artikels 48 Absatz 2 der Reichsverfassung erlassenen Verordnungen des Reichspräsidenten »zur Bekämpfung politischer Ausschreitungen« die Strafvorschriften des Republikschutzgesetzes. In dieser Zeit ging es nicht mehr um die Form des Staates, sondern um seine Existenz. Der Republikschutz war passé, der Autoritäts- und Ordnungsschutz waren das Gebot der Stunde. Daher führen die Diktaturverordnungen ebenso »das Bild einer radikalisierten Gesellschaft am Rande des Bürgerkrieges« vor Augen, wie sie eine »Konzeption repressiver Staatsschutzpolitik« belegen, »die als Schutzobjekt nur den Staat als solchen und seine Autorität kannte«[26]. Die Krise des Parteienstaates bildet sich präzise im Formwandel des strafrechtlichen Verfassungsschutzes ab.

Vielleicht hätte die Weimarer Republik eine Chance besessen, wenn sie den eingeschlagenen Weg des repressiven Staatsschutzes konsequent gegangen wäre. Doch die mit dem Ab-

treten der Regierung Müller im März 1930 beginnenden Kri-
senjahre enthielten zu viele von der nationalistischen Rechten
ausgelegte politische Fallstricke. Die Ausnahmeverordnung
des Reichspräsidenten vom 28. März 1931 suchte noch mit
einiger Konsequenz den inneren Frieden zu wahren[27]. Sie enthielt das Verbot öffentlicher politischer Versammlungen,
wenn der Verdacht bestand, daß durch sie die »öffentliche
Sicherheit und Ordnung gefährdet« werde. Während 1931 der
Staat dem Straßenterror des politischen Extremismus nicht zu
erliegen schien, durchlöcherten im darauffolgenden Jahr politische Winkelzüge seine Verteidigungslinie. Zwar hatte die
Wiederwahl Hindenburgs zum Reichspräsidenten am
10. April 1932 der Demokratie und ihren Anhängern eine
Atempause verschafft. Der Machtanspruch Hitlers war durch
ein Notbündnis zwischen rechter und linker Mitte abgewehrt
worden. In die nur kurze Zeit der Krisenberuhigung fällt die
»Verordnung des Reichspräsidenten zur Sicherung der Staatsautorität« vom 13. April 1932, die »sämtliche militärähnlichen
Organisationen der Nationalsozialistischen Deutschen Arbeiterpartei, insbesondere die Sturmabteilungen (SA), die Schutz-
staffeln (SS) . . . mit sofortiger Wirkung« verbot[28]. Am 30. Mai
mußte Brüning zurücktreten, Opfer eines ›Dolchstoßes‹ rechter Kreise mit Schleicher und v. Papen als Hauptintriganten.
Franz v. Papen bildete sein ›Kabinett der nationalen Konzen-
tration‹ und streckte seine Fühler zu den Nationalsozialisten
aus mit dem Ziel, nicht einen »Damm gegen die Naziflut« zu
halten, sondern diese Flut zu »kanalisieren«. Hitler wußte die
auf sein Stillhalten ausgesetzte Prämie zu nutzen. Denn die im
Zusammenhang mit dem politischen Klüngel der Rechten ent-
standene »Verordnung des Reichspräsidenten gegen politische
Ausschreitungen« vom 14. Juni 1932 hob das SA-Verbot auf[29].
Am 28. Juni wurde auch das Versammlungsverbot gelockert,
und die Landesbehörden durften nur »im Einzelfalle« »das
Tragen einheitlicher Kleidung, die die Zugehörigkeit zu einer
nicht verbotenen politischen Vereinigung kennzeichnet«, verbieten[30].

SA-Verbot und Uniformverbot waren wichtige Gesetzesbarrieren für den Straßenterror der Nationalsozialisten gewesen. Jetzt hatten sie wieder freie Hand zur Anzettelung bürgerkriegsähnlicher Auseinandersetzungen mit den Kommunisten. Der ›Altonaer Blutsonntag‹ am 17. Juli war ein erster ›krimineller‹ Höhepunkt nach der Wiederzulassung der SA. Aus den Juliwahlen des Jahres 1932 ging die NSDAP mit einem beträchtlichen Stimmengewinn hervor. Sie stellte die stärkste Fraktion und mit Hermann Göring den Reichstagspräsidenten. Die braune Gefahr stellte eine immer größere Bedrohung für die innere Sicherheit des Weimarer Staates dar. Gewaltsame Auseinandersetzungen zwischen den extremistischen Parteien standen auf der Tagesordnung. In dieser durch politische Massenkriminalität zugespitzten Situation entschloß sich die Reichsregierung, beim Reichspräsidenten eine »Verordnung gegen politischen Terror« zu erwirken. Sie wurde am 9. August 1932 erlassen und führte die Todesstrafe, über die bisherigen Strafbestimmungen für Mord hinausgehend, auch bei »Totschlag« für den »Angreifer aus politischen Beweggründen« ein[31]. Diese Verordnung verschärfte nicht nur die Strafen für politische Terrordelikte, sie leitete auch eine Verfahrensänderung bei der Aburteilung politischer Straftaten ein. Nach einer »Verordnung der Reichsregierung über die Bildung von Sondergerichten« vom selben Tag sollte es eine Sonderstrafgerichtsbarkeit für politische Verbrechen geben[32]. Bei allen Landgerichten wurden Sondergerichte gebildet. Gegen die von ihnen gefällten Entscheidungen war kein Rechtsmittel zulässig.

Die Verzahnung von formellem und materiellem politischen Strafrecht wenige Monate vor dem Ende der Weimarer Republik knüpfte an die Methode an, die sich einst beim Republikschutz bewährt hatte: Republikschutzgesetz *und* Staatsgerichtshof zum Schutze der Republik. Wirksames Eingreifen gegen »politischen Terror« war unumgänglich geworden, auch für eine dem Nationalsozialismus hinterherkriechende Regierung Papen. Die Terror-Verordnung schien sich, allen liberalen Unkenrufen zum Trotz, *auch* gegenüber dem Terror von ›rechts‹ zu bewähren. Nur zwei Stunden nach ihrem Inkrafttreten, am 10. August 1932 zwischen 1 und 2 Uhr nachts, überfiel eine Gruppe von Nationalsozialisten in Potempa (Schlesien) einen Kommunisten und brachte ihn bestialisch um. Das beim Landgericht Beuthen errichtete Sondergericht wandte zum ersten Mal die »Verordnung des Reichspräsidenten gegen politischen Terror« an. Am 22. August 1932 verurteilte es die Haupttäter »als Angreifer aus politischen Beweggründen« zum Tode[33]. Das Todesurteil ließ die Nationalsozialisten ihre Legalitätsbekundungen vergessen. In einem Aufruf vom 23. August 1932 sagte Hitler der Reichsregierung den erbitterten Kampf an. Noch wenige Tage vorher, am 13. August, war er mit v. Papen bei Hindenburg gewesen, um über eine Regierungsbeteiligung seiner Partei zu feilschen. Jetzt aber sprach er von den »Bluttribunalen« des Herrn v. Papen[34]. Mit diesem Gerichtsurteil sei die Haltung der Nationalsozialisten »diesem nationalen Kabinett gegenüber endgültig vorgezeichnet«. »Wir werden den Begriff ›national‹ befreien von dieser Umklammerung durch eine Objektivität, deren wirkliches inneres Wesen das Urteil von Beuthen gegen das nationale Deutschland aufpeitscht. Der Kampf um das Leben unserer fünf Kameraden setzt nun ein«. Man kann in diesem Aufruf den Fanfarenstoß für die Zerstörung des Rechts unter der nationalsozialistischen Gewaltherrschaft sehen. Noch glaubten die Reichsregierung und die zuständige preußische Kommissariatsregierung, gelassen reagieren zu können[35]. Recht und Gesetz müßten ohne Ansehen der Partei oder der Person gleichmäßig gegen jedermann Anwendung finden. Politischer Druck im Falle der Beuthener Todesurteile wurde zurückgewiesen. »Die Reichsregierung wird jedem Versuch, die Grundsätze des Rechtsstaates zu verfälschen und die politischen Leidenschaften zu erneuten Ausschreitungen aufzustacheln, zu begegnen wissen«.

Die Standfestigkeit gegenüber der nationalsozialistischen Herausforderung sollte nicht von langer Dauer sein. Nachdem auch die Novemberwahlen des Jahres 1932 nicht aus dem Parteienpatt herausgeführt hatten, versuchte Kurt v. Schleicher Anfang Dezember das risikoreiche Spiel der Spaltung des Nationalsozialismus. Schleicher scheiterte nicht nur an den ›kongenialen‹ Gegenzügen von Goebbels und Hitler, die die Galionsfigur des ›linken‹ Nationalsozialismus, Gregor Strasser, ausbooteten, sondern auch an den politischen Zweideutigkeiten seines befristeten Diktaturkonzepts. Am 28. Januar 1933 trat v. Schleicher als Reichskanzler zurück; am 30. Januar 1933 berief Hindenburg Adolf Hitler zum neuen Reichskanzler.

Stand die politische Justiz bei Hitlers Weg der Machterlangung Pate, wurde sie nach 1933 sein Erfüllungsgehilfe bei der das Recht mißachtenden Verfolgung und Vernichtung politischer Gegner. Es zählten nur noch die »Kameraden« der Nationalsozialisten. Zu ihnen gehörten auch die Mörder von Potempa. Sie kamen nicht aufs Schafott und nur für kurze Zeit hinter Gitter. Noch v. Papen wandelte als Reichskommissar für Preußen die Todesstrafe in lebenslange Haft um; die Nationalsozialisten gewährten dann den »Vorkämpfern der nationalen Erhebung« Straffreiheit.

V. Die Zerstörung
des Rechts als Akt der politischen Justiz:
Die Zeit des Nationalsozialismus

1. Deutschland als politischer Kerkerstaat

Auch für die Geschichte der politischen Kriminalität in Deutschland ist die Zeit des Nationalsozialismus die Zeit, in der die Politik die radikale Abkehr vom Recht vollzog und selber kriminell wurde. Keine Epoche der deutschen Geschichte führt nachhaltiger vor Augen, wie sich der alte juristische Begriff ›Staatsverbrechen‹ verflüchtigen und in der Realität einer verbrecherischen Staatspraxis eine neue Gestalt annehmen kann. Der NS-Staat zeigt, zu welchen Verbrechen ein Staat fähig ist. Die Justiz lieferte dem Unrechtsregime des Dritten Reiches die Infrastruktur, und nicht wenige Juristen aus Wissenschaft und Praxis stellten sich den braunen Machthabern als Handlungsgehilfen zur Verfügung.

Einer ihrer prominentesten und klügsten war zweifellos Carl Schmitt. Er hat 45 Jahre nach der Machtergreifung einen bemerkenswerten Aufsatz über »Die legale Weltrevolution« geschrieben[1]. Auch im hohen Alter ist Carl Schmitt noch immer ein Denker von wetterleuchtender Brillanz. Er zitiert Hitler, um den »alten erfahrenen spanischen Berufsrevolutionär« Santiago Carillo zu treffen, und führt das Beispiel der nationalsozialistischen Revolution an, um vor der »legalen Revolution« des Eurokommunismus zu warnen. Ohne diesen Fluchtpunkt könnte man fast von einer späten Einsicht Carl Schmitts sprechen. Kühler und präziser ist selten »über die politischen Prämien auf den legalen Machtbesitz« der Nationalsozialisten reflektiert worden. Vom ersten Tage seiner Ernennung zum Reichskanzler an habe es Hitler verstanden, »die politischen Prämien auf seinen legalen Machtbesitz systematisch und mit wachsender Rücksichtslosigkeit auszunutzen«. Er habe das

Tor der Legalität, durch das er eingetreten sei, fest hinter sich geschlossen und seine politischen Feinde auf legalem Wege in die Illegalität gestoßen.

In der Tat ließen die Nationalsozialisten keine Zeit beim Bau ihres Repressionshauses verstreichen. Eine Flut von Verordnungen und Gesetzen sicherte unmittelbar nach der Machtergreifung ihr »Drittes Reich« ab. Binnen kurzem wurde aus Deutschland ein politischer Kerkerstaat. Er kappte brutal die Freiheits- und Rechtsstaatstraditionen der deutschen Geschichte; zu seinem Wesen gehörte eine qualitative und quantitative Ausweitung der politischen Justiz, die in der Restaurations- und Reaktionszeit, aber auch in der Zeit Bismarcks unbekannt war.

Am 30. Januar 1933 berief Hindenburg Hitler zum Reichskanzler eines Kabinetts, mit dessen Bildung die Illusion einer nationalkonservativen Einrahmung des Nationalsozialismus auch schon dahin war. Als kühl rechnende Machtpolitiker hatten die Nationalsozialisten die Schlüsselposition der preußischen Polizei in ihre Hand gebracht. Göring wurde Reichsminister ohne Geschäftsbereich *und* preußischer Innenminister. Die Honoratioren aus dem konservativen Lager waren Dekoration in den Monaten der Machtsicherung, nützlich zur Außendarstellung der nationalsozialistisch geführten Regierung, aber ohne Gewicht in einem Prozeß, der die rechtsstaatliche Demokratie in Deutschland aus den Angeln hob.

Die »Verordnung des Reichspräsidenten zum Schutze des deutschen Volkes« vom 4. Februar 1933 bewegte sich in ihren materiellen Bestimmungen zwar noch ganz in den Bahnen des Weimarer Staatsschutzes, doch der Begriff ›Volk‹ signalisierte schon eine Umpolung des klassischen politischen Strafrechts[2]. ›Volk‹ sollte zur zentralen Mitte des nationalsozialistischen Rechtsgüterschutzes werden. Nach außen vermittelte die Verordnung vom 4. Februar den Eindruck einer staatlichen Neutralität in der politisch aufgewühlten Szene. Doch schon ihre Entstehung war mit den Wünschen der durch ihre Regierungsbeteiligung politisch hoffähig gewordenen Nationalsozialisten belastet. So warf Hitler in einer Ministerbesprechung vom 2. Februar 1933 »die grundsätzliche Frage auf, ob es psychologisch richtig sei, durch Inkraftsetzung einer derartigen Verordnung die kommunistische Gefahr im Wahlkampf ganz gering zu gestalten«[3]. Bis zum äußersten hochgereiztes Symbol der ›kommunistischen Gefahr‹ wurde der am 27. Februar gelegte Reichstagsbrand. Mag auch die Alleintäterschaft des Holländers Marinus van der Lubbe umstritten sein, unbestreitbar ist die Schubwirkung dieser Brandstiftung für die Durchsetzung des nationalsozialistischen Machtkalküls. In der vormittäglichen Ministerbesprechung über die politische Lage hielt Hitler »jetzt« eine »rücksichtslose Auseinandersetzung mit der KPD« für »dringend geboten«. »Der psychologisch richtige Moment für die Auseinandersetzung sei nunmehr gekommen. Es sei zwecklos, noch länger hiermit zu warten«[4]. Überraschend ist schon die Perfektion, mit der die Nationalsozialisten Grundrechtsverbürgungen der Weimarer Verfassung beseitigten und damit diese selber zur Disposition stellten. Vordergründig ging es in der »Verordnung des Reichspräsidenten zum Schutz von Volk und Staat« vom 28. Februar 1933 um einen Feldzug gegen die »kommunistische Gefahr«, im Kern aber wurde die Grundlage für repressive Maßnahmen gegen alle politischen Richtungen gelegt. Was Hitler auf dem Hintergrund des Reichstagsbrandes gegenüber den Kommunisten proklamierte, sollte auch für die Sozialdemokratie und das Zentrum gelten: Der Kampf gegen den politischen Gegner »dürfe nicht von juristischen Erwägungen abhängig gemacht werden«[5].

Die Verordnung vom 28. Februar setzte sich die »rücksichtslose Ausrottung der kommunistischen Gefahrenquelle« zum Ziel[6]. Beschränkungen der persönlichen Freiheit, des Rechts der freien Meinungsäußerung, der Pressefreiheit, des Vereins- und Versammlungsrechts, Eingriffe in das Brief-, Post-, Telegraphen- und Fernsprechgeheimnis, Anordnungen von Hausdurchsuchungen und von Beschlagnahmen sowie Beschränkungen des Eigentums waren »auch außerhalb der sonst hierfür bestimmten gesetzlichen Grenzen zulässig«. Zum Dunstkreis des Kommunismus sollten auch diejenigen gezählt werden, »die mit den Kommunisten zusammenarbeiten und deren verbrecherische Ziele, wenn auch nur mittelbar, unterstützen oder fördern«. »Zur Vermeidung von Mißgriffen«, heißt es in einem Durchführungserlaß des preußischen Innenministeriums, »weise ich darauf hin, daß Maßnahmen, die gegen Angehörige oder Einrichtungen anderer als kommunistischer, anarchistischer oder sozialdemokratischer Parteien oder Organisationen notwendig werden, auf die VO zum Schutz von Volk und Staat v. 28. 2. 1933 nur dann zu stützen sind, wenn sie der Abwehr solcher kommunistischer Bestrebungen in weitestem Sinne dienen. In sonstigen Fällen ist nach der VO v. 4. 2. 1933 einzuschreiten. Die Gewerkschaften sind übrigens nicht ohne weiteres den sozialdemokratischen Organisationen gleichzustellen«[7]. Noch kein Monat war vergangen, als sich das keineswegs bereits fest etablierte NS-System an die Ausschaltung jeder nur denkbaren Systemopposition, nicht nur der Kommunisten, machte. Auch die Gewerkschaften hatten nur noch eine kurze Galgenfrist. Im Mai 1933 setzte ihnen die »Deutsche Arbeitsfront« ein erzwungenes Ende.

Die politische Kriminalität in der Zeit des Nationalsozialismus war von Anbeginn an eine politisch induzierte Kriminalität. Nicht nur die Grundrechte setzte die Verordnung vom 28. Februar außer Kraft, sie führte auch verschärfte Sanktionen für politische Verbrechen und Vergehen ein. Mit dem Tode und nicht mehr mit lebenslangem Zuchthaus sollte der Hochverrat bestraft werden, und mit bis zu 15 Jahren Zuchthaus waren schwerer Aufruhr und schwerer Landfriedensbruch bedroht. Hitler war davon überzeugt, daß, gestützt auf diese Maßnahmen, die Brandstiftung im Reichstagsgebäude der Reichsregierung bei den anstehenden Wahlen 51 Prozent einbringen werde[8]. Hitler war Realist und prognostizierte das Wahlergebnis vom 5. März 1933 ziemlich genau. Zusammen mit der Kampffront Schwarz-Weiß-Rot erreichten die Nationalsozialisten eine knappe absolute Mehrheit von 52 Prozent.

Die Hälfte der deutschen Wähler hielt Distanz zum NS-Polit-spektakel und ließ sich auch von der Drohgebärde der politischen Justiz *noch* nicht einschüchtern. Am Weg in den Führerstaat, daran gilt es hier zu erinnern, hatte der von den Nationalsozialisten entfachte Polizei- und Justizterror einen nicht unmaßgeblichen Anteil.

Hitler wollte das Eisen schmieden, solange es heiß war. Am 7. März 1933 entwickelte er in einer Sitzung des Kabinetts seine Strategie gegen »politische Lethargie«[9]. Im Protokoll der Ministerbesprechung heißt es: »Die Ereignisse des 5. März betrachte er [Hitler] als Revolution. Am Ende werde es in Deutschland keinen Marxismus mehr geben. Notwendig sei ein Ermächtigungsgesetz mit einer ²/₃ Mehrheit. Er, der Reichskanzler, sei fest davon überzeugt, daß der Reichstag ein solches Gesetz beschließen werde. Die Abgeordneten der KPD würden bei der Eröffnung des Reichstags nicht in Erscheinung treten, weil sie sich in Haft befänden«[10]. Am 24. März 1933 wurde das »Gesetz zur Behebung der Not von Volk und Reich« mit einer Zweidrittelmehrheit gegen die Stimmen der Sozialdemokratie vom Reichstag verabschiedet. Dieses Ermächtigungsgesetz hatte verfassungsändernden Charakter. Es hob das Prinzip der Gewaltenteilung auf und faßte die Legislativgewalt mit der Exekutivgewalt in der Hand der Reichsregierung zusammen. Es gab kein parlamentarisches Gesetzgebungsverfahren mehr, sondern nur noch eine Gesetzesausfertigung durch den Reichskanzler. Dieses mehrfach verlängerte Gesetz blieb das Grundgesetz des nationalsozialistischen Unrechtsstaates. Formaljuristisch bot es die Grundlage für den Vernichtungsfeldzug gegen Recht und Demokratie, für die Zerstörung des Institutionengefüges der Weimarer Republik und für die Liquidierung von Menschen, die gegen den Totalitätsanspruch des Nationalsozialismus opponierten. Auch die politische Justiz bewegte sich in einem gesetzlichen Handlungsrahmen, der durch die Verfassungsexemtion des Gesetzgebers beliebig dehnbar war.

Der Fall van der Lubbe wurde zum ersten Lehrstück nationalsozialistischer Unrechtspraxis. Er hatte Signalwirkung für die auf Rechtsmanipulationen beruhende Verfolgung politischer Gegner. Schon in der Kabinettssitzung vom 7. März hielt es der Reichsminister des Innern, Frick, für »dringend geboten . . ., van der Lubbe sofort zu hängen, und zwar auf dem Königsplatz. Zwar sehe das geltende Recht für Brandstiftung nur Zuchthausstrafe vor, jedoch müsse es möglich sein, mit rückwirkender Kraft für ein derart abscheuliches Verbrechen Todesstrafe durch Erhängen festzusetzen. Der Satz nulla poena sine lege dürfe nicht unbeschränkt gelten«[11]. Hitler komplettierte: »Er könne die Doktrin ›Recht müsse Recht bleiben‹ nicht anerkennen, wenn das ganze staatliche Leben darüber zugrunde gehen müsse«[12]. Es war der parteilose Staatssekretär des Reichsjustizministeriums, Franz Schlegelberger, der in der Runde der tönenden Nationalsozialisten verhalten Bedenken anmeldete. Zwar stimme er der Auffassung Hitlers zu, daß das Recht sich den Verhältnissen anpassen müsse. Er müsse aber auch »mit allem Nachdruck auf den Satz nulla poena sine lege hinweisen. Nur in Rußland, China und einigen kleinen Kantonen der Schweiz gelte dieser Satz nicht«[13].

Die Kräfte, die nach der nationalsozialistischen Machtergreifung sich der Preisgabe des Rechts entgegenzustemmen suchten, waren zu schwach. Sie konnten gegen die Heerscharen der Opportunisten nur wenig bewirken. Die sog. Lex van der Lubbe vom 29. März 1933, die sich gesetzestechnisch auf das Ermächtigungsgesetz stützte, wandte die Verordnung vom 28. Februar *rückwirkend* auf alle seit dem 31. Januar 1933 begangenen Straftaten an. Damit waren auch Hochverrat und aufrührerische Brandstiftung, deren van der Lubbe bezichtigt wurde, unter Todesstrafe gestellt. Am 23. Oktober 1933 wurde van der Lubbe zum Tode verurteilt; das Urteil wurde am 10. Januar 1934 durch Enthauptung vollstreckt.

Mit dem Machtantritt des Nationalsozialismus ging in Deutschland jede Rechtssicherheit verloren. Gerade das politische Strafrecht wurde zu einer vernichtenden Waffe in der

Hand der neuen Machthaber. »Das deutsche Volk in all seinen Schichten steht unter Todesdrohung«, schrieb Otto Kirchheimer 1935 aus dem Pariser Exil[14]. Das war mehr als eine polemische Spitze gegen ›Staatsgefüge und Recht‹ im Dritten Reich, es war bittere Realität. Am Tage der Reichstagsbrandverordnung erließ der Reichspräsident noch eine weitere Verordnung »gegen Verrat am Deutschen Volke und hochverräterische Umtriebe«. Sie enthielt eine nahezu grenzenlose Ausdehnung des politischen Straftatbestandes ›Hochverrat‹, auch eine bisher unbekannte Erweiterung des Versuchsbegriffs und die sich später noch verstärkende Tendenz, den strafrechtlichen Tatbestand mehr und mehr von der eigentlichen sichtbaren Straftat abzulösen und an den Willen des Täters zu knüpfen. So sollte z. B. unter Hochverratsanklage gestellt werden, wer eine Druckschrift, deren Inhalt als Aufforderung oder Anreizung zum gewaltsamen Kampf gegen die Staatsgewalt oder zu dessen Vorbereitung auslegbar war, herstellt, verbreitet oder zum Zwecke der Verbreitung vorrätig hält, obwohl er bei sorgfältiger Prüfung der Schrift den strafbaren Inhalt hätte erkennen können. ›Hochverratssachen‹ gehörten in der Anfangsphase des Nationalsozialismus zu den Schwerpunkten der politischen Justiz. Bewußt griff man sehr hoch in der Skala des politischen Strafrechts, um die als notwendig erachtete Einschüchterung und Kaltstellung des politischen Gegners sicherzustellen. Mit der Keule der Hochverratsanklage sollte auch der letzte Funke einer wirksamen politischen Opposition ausgeschlagen werden. Vom 1. Januar bis zum 30. September 1934 waren in den Oberlandesgerichtsbezirken Düsseldorf und Köln 408 Hochverratsverfahren mit 2699 Beschuldigten anhängig; im Oberlandesgerichtsbezirk Hamm, zu dem das Ruhrgebiet gehörte, waren es im gleichen Zeitraum 395 Verfahren mit 2675 Beschuldigten[15]. Die Nationalsozialisten machten nicht nur Verordnungen, sondern setzten diese auch in eine Ordnung um, die jede politische Abweichung mit drastischen Sanktionen belegte.

Zum Bild der NS-Justiz gehört auch, daß sich die Strafverfolgung nicht allein auf Personen beschränkte, die in organisierter, konspirativer und illegaler Form gegen das Regime kämpften und seinen Sturz zu bewirken suchten. Die »Verordnung des Reichspräsidenten zur Abwehr heimtückischer Angriffe gegen die Regierung der nationalen Erhebung« vom 21. März 1933 sowie das »Gesetz gegen heimtückische Angriffe auf Staat und Partei und zum Schutz der Parteiuniformen« vom 20. Dezember 1934 stellten jede auch noch so harmlose regimekritische Äußerung unter Strafe. Peter Hüttenberger hat in einer eindrucksvollen Studie zum »Heimtückkediskurs« in den Jahren 1933 bis 1939 die Ausweitung der politischen Justiz auf die »vielfältigen Formen der Nonkonformität im Grenzbereich von politischer Opposition und privater Nichtanpassung« beschrieben[16]. Elemente des zivilen Ungehorsams oder der zeitweisen individuellen Verweigerung wurden von der NS-Justiz politisiert, so daß man in der Heimtücke-Strafgerichtsbarkeit geradezu den Versuch einer Standardisierung der Gedanken über das Strafrecht sehen kann. Das Instrumentarium der nationalsozialistischen Repression griff tief in den Alltag der Menschen ein. Ob es ihn im Sinne des Nationalsozialismus hat formieren können, bleibt zweifelhaft. »Die zahlreichen nationalsozialistischen Kontrollorganisationen lagerten oft nur als dünner Firnis über einem verkarsteten gesellschaftlichen Untergrund«[17]. Vielleicht lag das NS-Regime von seinem kalten Machtkalkül her gar nicht so falsch, auch Randzonen der ›politischen Kriminalität‹ ernst zu nehmen. Jedenfalls bot es an materiellem und formellem Strafrecht alles auf, um ein Destabilisierungspotential zu entschärfen, das politisch mobilisierungsfähig schien.

Die von der NS-Regierung zusammen mit der Heimtückeverordnung erlassene Verordnung über die Bildung von Sondergerichten führte eine Art politischer Schnelljustiz ein ohne Revisionsmöglichkeit und mit verkürzten Rechtsmitteln für den Angeklagten. In jedem Oberlandesgerichtsbezirk wurde ein Sondergericht für politische Vergehen gebildet. Vor diesen Gerichten gab es nur »Hauptverfahren«, keine mündliche

Verhandlung über die Zulässigkeit der Untersuchungshaft oder über die Eröffnung einer Hauptverhandlung. Auch konnten die Sondergerichte Beweiserhebungen aus eigener Vollmacht unter den Tisch fallen lassen. Gegen ihre Entscheidungen war kein Rechtsmittel zulässig. Zuständig waren diese Gerichte für den Ansehensschutz der Reichsregierung und der NSDAP.

Nach Ausbruch des Zweiten Weltkriegs verschob sich ihre Tätigkeit. Sie behandelten jetzt mehr kriegsbedingte Straftatbestände wie Wehrkraftzersetzung, das Abhören ausländischer Sender u. ä. Bis 1939 aber wurde mit z. T. beträchtlichen Freiheitsstrafen bedacht, »wer vorsätzlich eine unwahre oder gröblich entstellte Behauptung tatsächlicher Art aufstellt oder verbreitet, die geeignet ist, das Wohl des Reichs oder das Ansehen der Reichsregierung oder das der Nationalsozialistischen Deutschen Arbeiterpartei oder ihrer Gliederungen schwer zu schädigen« (§ 1 des Gesetzes gegen heimtückische Angriffe auf Staat und Partei vom Dezember 1934). Noch deutlicher läßt eine andere Bestimmung dieses Gesetzes die Aushöhlung oder auch Umkehrung des alten Staatsschutzgedankens erkennen. »Wer öffentlich gehässige, hetzerische oder von niedriger Gesinnung zeugende Äußerungen über leitende Persönlichkeiten des Staates oder der NSDAP, über ihre Anordnungen oder die von ihnen geschaffenen Einrichtungen macht, die geeignet sind, das Vertrauen des Volkes zur politischen Führung zu untergraben, wird mit Gefängnis bestraft«.

Die Kongruenz von Staat und Partei war nur in den Sonntagsreden des nationalsozialistischen Führungskaders problemlos; sie bedurfte einer erheblichen Absicherung und Abstützung durch die politische Strafjustiz. Das Anwachsen der politischen Kriminalität war im Dritten Reich ein systembedingtes Anwachsen. Totalitäre Systeme kriminalisieren ihre politischen Gegner. Doch was auf den ersten Blick Ausdruck ihrer Machtvollkommenheit ist, zeigt in Wahrheit den schwankenden Boden an, auf dem jede Gewaltherrschaft ruht.

So standen in der Zeit des Nationalsozialismus politische Strafjustiz und politische Kriminalität in einer Beziehung, die auch als das Wechselverhältnis von Systemrepression und Systemwiderstand beschreibbar ist. Als Fußnote wäre noch anzumerken, daß am Tage der Inkraftsetzung der Heimtückeverordnung ein Amnestieerlaß publiziert wurde[18]. Für Straftaten, »die im Kampfe für die nationale Erhebung des Deutschen Volkes, zu ihrer Vorbereitung oder im Kampfe für die deutsche Scholle begangen sind«, wurde Straffreiheit gewährt.

Hitler hatte nach den Reichstagswahlen vom 5. März von einer Revolution gesprochen, an deren Ende es in Deutschland keinen Marxismus mehr geben werde. Das Ende kam sehr schnell, nicht nur für den Marxismus. Das »Gesetz gegen die Neubildung von Parteien« vom 14. Juli 1933 besiegelte nur eine Entwicklung, die unter kräftiger Mithilfe der politischen Justiz schon seit dem Machtantritt des Nationalsozialismus im Gange war. »In Deutschland besteht als einzige politische Partei die Nationalsozialistische Deutsche Arbeiterpartei«, hieß es lapidar im ersten Paragraphen des Parteienverbotsgesetzes. Wer die Anmaßung der neuen Machthaber nicht akzeptierte, mußte mit harten Strafen rechnen. »Wer es unternimmt, den organisatorischen Zusammenhalt einer anderen politischen Partei aufrechtzuerhalten oder eine neue politische Partei zu bilden, wird ... mit Zuchthaus bis zu drei Jahren oder mit Gefängnis von sechs Monaten bis zu drei Jahren bestraft«. Neben den Kommunisten waren die Sozialdemokraten das Hauptopfer des politischen Holocaust. Ein Erlaß des Reichsinnenministers an die gleichgeschalteten Länderregierungen vom 21. Juni 1933 erklärte sie für vogelfrei[19]. »Die SPD muß ... als eine staats- und volksfeindliche Partei angesehen werden und kann danach keine andere Behandlung mehr beanspruchen, als sie von der deutschen Regierung der kommunistischen Partei gegenüber angewandt worden ist«. Das hatte für die Sozialdemokratie nicht nur ein politisches Betätigungsverbot zur Folge, sondern bedeutete für ihre Mitglieder oft »Schutzhaft«, das Abwandern in die ersten Konzentrationslager.

Auch hinter der sog. Selbstauflösung der noch bestehenden bürgerlichen Parteien in der ersten Jahreshälfte 1933 stand die Furcht vor der Brutalität der nationalsozialistischen Machtsicherungsmethoden. Am wenigsten furchtsam scheint noch der politische Katholizismus gewesen zu sein. Jedenfalls sah sich der Reichsminister der Justiz im Juli 1935 in einer Rundverfügung an die Generalstaatsanwälte veranlaßt, ein schärferes Durchgreifen der politischen Justiz anzumahnen[20]. »Ich mache es den Strafverfolgungsbehörden zur Pflicht, in engster Zusammenarbeit mit den zuständigen Staatspolizeistellen und Verwaltungsbehörden allen auf Zersetzung des Staates und Aufspaltung der Volksgemeinschaft gerichteten Bestrebungen des politischen Katholizismus, wo immer sie sich zeigen, ohne Rücksicht auf die Person und Stellung des Täters mit ruhiger, jeden Fehlgriff ausschließender Besonnenheit, aber auch mit allem durch die Gefährlichkeit dieser Bestrebungen geforderten Nachdruck entgegenzutreten«. Es sollten nicht nur Prozesse eingeleitet, sondern auch Strafen beantragt werden, »die nach dem Rechtsempfinden des Volkes der Gefährlichkeit dieser staats- und volksfeindlichen Umtriebe und der Gewissenlosigkeit der Täter entsprechen«.

Dieser Appell des Justizministeriums war durch einen Runderlaß Görings an die preußischen Verwaltungsbehörden vom 16. Juli 1935 angeregt worden[21]. »Widerstände gegen die Staatsführung«, die »ihren Ursprung in dem Gedankenkreis der ehemaligen Zentrumspartei« hatten, empfand der Nationalsozialismus als Gefahr.

Das zwischen dem Deutschen Reich und der Kurie im Juli 1933 abgeschlossene Konkordat hatte den Basiskatholizismus nicht völlig entpolitisieren können. Er erhob seine Stimme gegen die Praxis und Ideologie der nationalsozialistischen Herrschaft. Der Protest gegen die unmittelbar nach der Machtergreifung anlaufenden Sterilisierungen von Geisteskranken ist in diesem Zusammenhang ein eindrucksvolles Beispiel. Göring monierte, daß fast kein Sonntag vergehe, »an dem nicht die religiöse Ergriffenheit des Gottesdienstes zur Verlesung sogenannter ›Kanzelerklärungen‹ über rein politische Dinge mißbraucht wird«. Die Kirche müsse dazu gezwungen werden, bei Themen über das Gebiet der religiösen Betätigung hinaus den Mund zu halten. »Sie darf daher weder Gott anrufen gegen diesen Staat, eine Ungeheuerlichkeit, die wir in offener und versteckter Form allsonntäglich erleben können, noch darf sie eigene politische Kräfte unter der fadenscheinigen Begründung organisieren, sie müsse ihr vom Staat her drohende Gefahren abwehren«. Auch der politische Katholizismus geriet in das Sperrfeuer der politischen Justiz, auch er sollte, so Göring, die ganze Härte der bestehenden gesetzlichen Strafvorschriften zu spüren bekommen. Das deutsche Volk in allen seinen Schichten war, um noch einmal Otto Kirchheimer zu zitieren, zwei Jahre nach der Machtergreifung potentielles Opfer der NS-Justiz geworden.

Der Blick auf Vorgaben und Wirkungsweise der politischen Justiz in der Zeit des Nationalsozialismus darf jedoch die Proportionen von gesellschaftlichem Einverständnis und gesellschaftlichem Widerstand in dieser Zeit nicht verrutschen lassen. Hier gibt es eindeutige Größenverhältnisse. Doch die Perspektive der politischen Justiz kann dazu beitragen, auf das Problem der Einverständniserzwingung aufmerksam zu machen und hinter der Massenakklamation in totalitären Systemen die auf Hochtouren laufenden Repressionsaggregate zu entdecken.

Durch die vielen Verordnungen und Gesetze zur Niederhaltung und Verfolgung jeglicher Opposition war nicht nur das Repressionsnetz immer engmaschiger geworden, vielfach war auch Konfusion entstanden. Der Unübersichtlichkeit des politischen Strafrechts suchte das »Gesetz zur Änderung von Vorschriften des Strafrechts und des Strafverfahrens« vom 24. April 1934 zu begegnen. Im Bereich des materiellen Strafrechts hatte es in einer Verschärfung der Hochverratsbestimmungen seinen Kern; das Strafverfahrensrecht wurde durch die Einrichtung des Volksgerichtshofs entscheidend geändert. In der »Begründung« zu diesem Gesetz ist noch einmal sehr klar die Stoßrichtung des nationalsozialistischen politischen Strafrechts zusammengefaßt[22]. Es kam dem Nationalsozialismus auf eine ›wirksamere Gestaltung‹ der Strafdrohung an, und er realisierte sie mit der Gleichstellung von versuchtem und vollendetem Verbrechen. »Das Wohl der Volksgemeinschaft bedarf schon gegenüber der bloßen Gefährdung des vollen Schutzes. Auch der Sühnegedanke verlangt es, daß für die Bemessung der Strafe die auf die Gefährdung des allgemeinen Wohls gerichtete Willensbetätigung entscheidet und nicht der dem Einfluß des Täters in der Regel entzogene, noch vielmehr in seinem Nachweis vom Zufall abhängende, Eintritt oder Nichteintritt eines Schadens«. Nach diesen Prinzipien wurde der Hochverratstatbestand gesetzlich gefaßt. Öffentliches Anreizen zu einem hochverräterischen Unternehmen gehörte ebenso zu ihm wie die Vorbereitung des Hochverrats durch Herstellung eines organisatorischen Zusammenhalts; die Beeinflussung der Massen durch Herstellung oder Verbreitung von Schriften wurde ebenfalls unter ›Hochverrat‹ subsumiert. Jede, auch die kleinste oppositionelle politische Regung konnte nach diesem Gesetz als Hochverrat verfolgt werden. Zuständig für Hochverratssachen war der neugeschaffene Volksgerichtshof. Als »ordentliches Gericht im Sinne des Gerichtsverfassungsgesetzes« (vgl. das »Gesetz über den Volksgerichtshof« vom 18. April 1936) entschied er in der Hauptverhandlung in der Besetzung von fünf Mitgliedern, aber nur der Vorsitzende und ein weiteres Mitglied mußten die Befähigung zum Richteramt haben. Welche Folgen die gravierenden Änderungen des materiellen und formellen Strafrechts gehabt haben, wird noch zu schildern sein; auch muß geprüft werden, ob und in welcher Weise die Justiz die Normen des Strafrechts in der Praxis ihres Strafhandelns modifiziert hat. Diese Normen waren kein nationalsozialistisches Oktroi, sondern an ihnen haben der Justizkörper und die juristische Wissenschaft kräftig mitgestrickt.

2. Juristische Gewissenlosigkeit im Dritten Reich

Parallel zur ›kleinen‹ Strafrechtsänderung von 1934 arbeitete eine amtliche Strafrechtskommission an der Neufassung der gesamten Strafrechtsmaterie. Ihr gehörten die Spitzen der Justizbürokratie und die Prominenz der damaligen Strafrechtswissenschaft an. Diese Kommission stellte Ende 1934 einen Strafrechtsentwurf fertig, der als Musterentwurf nationalsozialistischen Strafrechts gelten kann. Es hat bis zum Ausbruch des Zweiten Weltkriegs noch mehrere Stadien in der Ausarbeitung eines neuen Strafrechts gegeben, eine abschließende Kodifikation ist dabei nicht herausgekommen. Das Gesetz von 1934 blieb *das* nationalsozialistische Staatsschutzrecht. Dennoch ist die Arbeit der amtlichen Strafrechtskommission ein Fundus, wenn es um die Offenlegung der spezifischen Beziehungen zwischen Justiz und Staatsverbrechen unter dem Nationalsozialismus geht.

In ihrer 26. Sitzung vom 23. April 1934 beschäftigte die Kommission sich mit dem Hochverrat[23]. Hier erfuhr die Spruchtätigkeit der NS-Justiz höchste Weihen. Als Berichterstatter feierte der Breslauer Professor Johannes Nagler das »Fronterlebnis«, auf dem die »heutige Gesellschaftsauffassung« beruhe. Alle Volksgenossen hätten »wie einst an der Front« gleiche Opfer gegenüber dem Staat zu bringen. Die juristische Wissenschaft setzte die nationalsozialistische Gemeinschaftsideologie in die Neufassung des politischen Strafrechts um. Der Militanz der These von der »radikalen Beseitigung aller das Volk in Klassen zersplitternden Gegensätze« entsprach die Exorbitanz des Strafmaßes bei jeder gegen das ›Volk‹ gerichteten »Angriffshandlung«.

Das Hauptkennzeichen des NS-Strafrechts ist die Einbringung von ›Volk‹ als Hauptangriffsobjekt. Das bedeutete die Auflösung der Konturen und zugleich auch der Begrenzungen des rechtsstaatlichen Staatsschutzes. Prononciert führte Nagler in der Sitzung der Strafrechtskommission aus: »Das Angriffsobjekt des Hochverrats muß sich natürlich nach der jeweiligen Staatsstruktur bestimmen. Im heutigen völkischen Führerstaat ist die Substanz des Staats die Volksgemeinschaft. Das Volk ist das politische Kraftzentrum, und infolgedessen muß auch das Volk für den Hochverrat das zentrale, eigentliche Schutzobjekt bilden. Deshalb muß der Hochverrat heute wieder als echtes Volksverbrechen entwickelt werden«. Die Konsequenzen eines solchen Einstiegs in den Hochverratstatbestand verdeutlichte der Staatssekretär im Reichsjustizministerium und spätere Präsident des Volksgerichtshofs, Roland Freisler. Volk war für ihn die »politische Grundordnung des Volkes«, und zu ihr gehörten »doch heute ganz zweifellos – und zwar auch unabhängig von dem Gesetz, das das Einparteiensystem festgelegt hat – die NSDAP und die SA«.

Nicht die Argumente des ›rasenden Roland‹ überraschen in dieser Debatte, viel eher machen das Speichelleckertum und die Rückgratlosigkeit der Vertreter der juristischen Wissenschaft betroffen. Sie mußten vom ersten Repräsentanten des NS-Regimes in der Kommission, dem Reichsjustizminister Franz Gürtner, einem alten Deutschnationalen, geradezu gebremst werden. »Ich glaube«, wandte Gürtner gegen Professor Georg Dahm aus Kiel ein, »wir müssen da ein wenig vorsichtig verfahren, denn bei den exorbitanten Strafdrohungen ... [für Angriffe auf die ›Politische Grundordnung des deutschen Volkes‹] scheint mir eine Unklarheit im Tatbestand sehr bedenklich zu sein. Ich will einmal ein sehr robustes Beispiel gebrauchen: Stellen Sie sich vor, ein Mann zieht durchs Land und fordert dazu auf, keine Kapitalzinsen mehr zu zahlen und fordert z. B. die Bauern auf, keine Hypothekenzinsen mehr zu zahlen, weil er in völlig mißverstandener Anwendung der Lehre von der Brechung der Zinsknechtschaft meint, das sei nun ein Stück der politischen Grundordnung des deutschen Volkes. Das kann man doch nicht unter den Begriff des Hochverrats bringen«.

Die Abstrusitäten des nationalsozialistischen politischen Strafrechts können kaum besser als durch dieses Beispiel illustriert werden. Doch für juristische Ironie waren die Zeiten nicht empfänglich – und auch viel zu ernst. Dahm, der mit seiner 1935 in der »Zeitschrift für die gesamte Staatswissenschaft« veröffentlichten Schrift »Verrat und Verbrechen« zum Aushängeschild der nationalsozialistischen Strafrechtsbewegung wurde, hielt an der »Formel« ›politische Grundordnung des deutschen Volkes‹ fest, weil ihn ›rechtliche Grundordnung‹ als Angriffsobjekt des Hochverrats zu sehr an den »liberalen Rechtsstaat« erinnerte. Zwei Jahre nach dem Ende der rechtsstaatlichen Weimarer Demokratie machten sich Juristen im Verein mit Nationalsozialisten vom Schlage Freislers daran, auch die letzten Spuren des Rechtsstaats zu löschen. Professor Dahm in der Sitzung der Strafrechtskommission: »Die Bezeichnung ›rechtliche Grundordnung‹ läßt den ganzen Komplex anklingen, der mit dem Wort ›Rechtsstaat‹ bezeichnet wird. . . . Der neue Staat ist ein gerechter Staat, kein Willkürstaat, und in diesem Sinne ein Rechtsstaat. Aber diese Bezeichnung ist durch den Mißbrauch, den man in den letzten 150 Jahren damit betrieben hat, entwertet worden, und wird mit Recht in zwangsläufige Verbindung mit einer liberalen Staatsauffassung gebracht. Dasselbe aber gilt für die Worte ›rechtliche Grundordnung‹, hinter denen sich im Grunde liberale Strafrechtsanschauungen verbergen«. Dagegen der Reichsjustizminister Dr. Franz Gürtner: »Meine Herren, die Abneigung, das Wort ›rechtliche Grundordnung‹ zu gebrauchen, verstehe ich. Aber man sollte die Gefahr nicht allzusehr überschätzen. Wir können doch jetzt nicht den Gebrauch des Wortes rechtlich geradezu perhorreszieren, weil darunter einmal das positive Recht verstanden worden ist«.

Dieser Wortwechsel erschließt wichtige Dimensionen des Problems ›Justiz und Staatsverbrechen‹ im Dritten Reich. Die massiv betriebene Abnabelung von den Grundsätzen des Rechtsstaats wird ebenso deutlich wie eine gewisse Zurückhaltung der Justiz gegenüber den Zumutungen des Regimes. Es bleibt festzuhalten, daß der politische Exponent der Justiz, der Reichsjustizminister, davor gewarnt hat, »den Ernst der Strafbestimmungen gegen den Hochverrat« dadurch in Frage zu stellen, daß man schon eine Äußerung unter Strafe stelle »etwa derart, daß es gescheiter wäre, die ganze Regierungsbande totzuschlagen«.

3. Die Praxis der politischen Justiz

Als die Debatte zwischen juristischer Wissenschaft und Justizbürokratie geführt wurde, war der Volksgerichtshof, die institutionelle Säule der NS-Strafjustiz, noch nicht gebildet. Vom 1. August 1934 bis zum Ende des Dritten Reiches war er das oft blutige Werkzeug der nationalsozialistischen Gesinnungsjustiz. Als Sondergericht für politische Delikte war der Volksgerichtshof eine Schöpfung des NS-Systems und Verkörperung seiner das Recht zerstörenden Energien. Er erfüllte perfekt die ihm zugedachte Aufgabe, den nationalsozialistischen Anschauungen vom politischen Delikt im Gerichtsalltag Ausdruck zu verleihen. Zwar läßt sich die juristische Praxis des Volksgerichtshofs in den ersten Jahren seines Bestehens noch nicht unbedingt als die einer Terrorjustiz charakterisieren, doch das, was nach dem 20. August 1942 geschah, als Freisler das Amt des Präsidenten des Volksgerichtshofs von Otto Georg Thierack übernahm, war in vielem vorbereitet. Der Volksgerichtshof ahndete unnachsichtig alles, was den Anschein linker Systemopposition erweckte. Gürtners Warnung vor Übertreibungen machte sich dieses Gericht nur in den seltensten Fällen zu eigen. In einem Urteil des 1. Senats vom 10. Juli 1936 legte es seine Grundsätze bei der Verfolgung ›hochverräterischer Mundpropaganda‹ dar[24]. »Die KPD erstrebt, wie gerichtsbekannt, die gewaltsame Änderung der Reichsverfassung und die Errichtung der Diktatur des Proletariats nach russischem Muster. Ihr Ziel ist sonach auf ein Unternehmen des Hochverrats im Sinne von § 80 Abs. 2 StGB gerichtet. Alle Maßnahmen, die bestimmt und geeignet sind, dieses Ziel, sei es alsbald oder später, vorzubereiten und zu fördern, fallen unter den Tatbestand der Vorbereitung zum Hochverrat. Dementsprechend bestimmt sich auch der Umfang der hochverräterischen Mundpropaganda. Der objektive Tatbestand wird sich in den allerwenigsten Fällen ausschließen lassen. Denn annähernd jede Äußerung einer kommunistischen Gesinnung, zumal wenn sie in leidenschaftlicher Weise erfolgt, kann objektiv geeignet sein, die Aufstandsziele der KPD zu fördern. Insbesondere kann der Hörer hierdurch für die KPD geworben, oder in seiner bereits vorhandenen Einstellung gefestigt und damit die revolutionäre Stoßkraft der KPD gestärkt werden«.

Der Volksgerichtshof hat sich in den dreißiger Jahren noch schwer damit getan, das Marschtempo der politischen Justiz insgesamt festzulegen. Es kamen aus dem Kreis der ebenfalls mit Hochverratssachen betrauten Senate der Oberlandesgerichte Einwände gegen die Ausdehnung der Hochverratsbestimmungen auf jedes Wirtshausgespräch. Man fürchtete um die Schlagkraft des politischen Strafrechts, vielleicht aber schlug auch vereinzelt ein juristisches Gewissen, das noch in vornationalsozialistischer Zeit geschult worden war. So drang etwa im Juli 1936 der Generalstaatsanwalt beim Kammergericht in Berlin auf eine einschränkende Anwendung der Hochverratsbestimmungen für Mundpropaganda[25]. »Der Hochverrat ist eines der schwersten und gefährlichsten Verbrechen unserer Rechtsordnung, das als Angriff gegen den Bestand des Staates auch besonders große politische Bedeutung besitzt. Diese Stellung des Hochverrats verlangt, daß ihr einerseits Art und Umfang der Tat und andererseits die Höhe der verwirkten Strafe voll entsprechen. Durch eine Einbeziehung minder schwerer Fälle der Mundpropaganda würde diesem Verhältnis nach meinem Dafürhalten nicht hinreichend Rechnung getragen werden. Eine derartige Behandlung des Hochverratstatbestandes würde vielmehr m. E. die Achtung und die Furcht, die der Volksgenosse den Strafbestimmungen des Hochverrats entgegenbringen soll, in erheblichem Umfange abschwächen«. Nur zögernd folgte der Reichsanwalt beim Volksgerichtshof dieser Auffassung. Die nachdrückliche Bekämpfung der kommunistischen Mundpropaganda, die als gefährliches Kampfmittel gegen den Bestand des Staates angesehen werden müsse, sei unaufgebbar. Von der Prüfung jedes Einzelfalls sollte es abhängen, ob auf die Hochverratsbestimmungen oder die Bestimmungen des Heimtückegesetzes zu rekurrieren sei.

Die NS-Herrschaft bietet sich auch im Bereich des Staatsschutzes als ein System mit vielfachen Kompetenzüberschneidungen und Kompetenzanmaßungen dar. Die Mühlen der politischen Justiz brauchten oft gar nicht in Gang gesetzt zu werden, weil die Gestapo mit ihren eigenen Mitteln (Schutzhaft; Konzentrationslager) gegen politische Gegner vorging. Die Politische Polizei war im Dritten Reich weit mehr die eigentliche Triebkraft der politischen Verfolgung als die politische Justiz. Sie hat diese als Störfaktor und Bremser empfunden. So gab es gerade in der Anfangsphase des NS-Regimes eine Vielzahl von Beschwerden der Geheimen Staatspolizei über ein zu lasches Arbeiten der Gerichte. Funktionäre der KPD – dieses Beispiel sei zitiert –, die Ende 1934 im Rheinland unter dem dringenden Verdacht der Vorbereitung zum Hochverrat festgenommen worden waren, wurden von den Untersuchungsrichtern »mangels dringenden Tatverdachts« auf freien Fuß gesetzt[26]. Diese Gerichtspraxis schwärzte die Gestapo beim Reichsminister der Justiz an. An Ort und Stelle hatten ihre Monita kein Gehör gefunden. Die Richter hatten die Gestapo-Beamten damit abgefunden, »daß ja die Beschuldigten geständig seien und somit keine Verdunkelungsgefahr mehr vorläge«. Im Reichsjustizministerium war ein solcher Fall Anlaß für eine Rundverfügung an die Justizbehörden. »Geheim« stand über dem Schriftsatz Gürtners vom 5. Januar 1935: »Die Gemeingefährlichkeit hoch- und landesverräterischer Betätigung sowie die verfeinerten und geschickten Kampfmethoden dieser Art von Staatsfeinden finden, wie einige mir zur Kenntnis gebrachte Einzelfälle zeigen, bei den Justizbehörden nicht überall eine verständnisvolle Würdigung und Beachtung. Das dringende Staatsinteresse verlangt im Regelfalle, daß Staatsfeinde, denen einwandfrei das Verbrechen des Hoch- oder Landesverrats oder der Vorbereitung dazu oder eine andere ähnliche Straftat nachgewiesen ist, oder gegen die ein dringender Tatverdacht in bezeichneter Richtung besteht, bis zu ihrer Aburteilung im behördlichen Gewahrsam verbleiben«. Trotz dieser Anmahnung rechnete der Reichsjustizminister auch weiterhin mit Richtern, die in Hochverratsverfahren Haftbefehle aufhoben. In solchen Fällen suchte er sie auf die Verständigung mit der Gestapo zu verpflichten, die dann selber »Verwahrungsmaßnahmen« treffen könne.

Es sind sicherlich nur wenige Schlupflöcher gewesen, die das Unterdrückungssystem des Nationalsozialismus nicht geschlossen hat; doch zumindest am Anfang hatten die Gerichte noch die Möglichkeit, den Rechtsschutz des einzelnen dem Totalschutz des Staates nicht gänzlich zu opfern. Auch der Volksgerichtshof konnte bis zu der Zeit, von der an Freisler das Sagen hatte, noch Urteile in der dem Strafrichter gewohnten Form fällen. Sie fanden die ausdrückliche Mißbilligung seines späteren Präsidenten, der sich schon als Staatssekretär im Reichsjustizministerium für eine lupenreine nationalsozialistische Gerichtspraxis einsetzte.

In einem bezeichnenden Vorgang spießte Freisler in einem Schreiben an den Oberreichsanwalt vom Juni 1935 ein Urteil des 1. Strafsenats des Volksgerichtshofs auf[27]. Er hielt im Zusammenhang mit diesem Urteil »die Gedankengänge des Volksgerichtshofs, daß bei Hochverratssachen in der Zeit nach dem 30. Januar 1933 eine ehrliche politische Überzeugung und eine für einen Deutschen nicht ehrlose Gesinnung angenommen werden könne, für durchaus abwegig«. Der Strafsenat als das erkennende Gericht hatte in einem Verfahren gegen einen kommunistischen Arbeiter den Antrag der Reichsanwaltschaft abgelehnt, diesem die bürgerlichen Ehrenrechte abzuerkennen. Das brachte Freisler in Rage. »Dem liberalistischen Parteienstaat mag es als in seinem Wesen begründet und daher als tragbar erschienen sein, daß ausgesprochene Gegner jeglicher gesunden staatlichen Organisation, wie es die Kommunisten sind, eine den Staat unterminierende Tätigkeit ausüben. Der heutige, für alle Zeiten fest auf der nationalsozialistischen Weltanschauung gegründete Staat kann solche kommunistischen Hetzer und Wühler nicht als gleichberechtigte Politiker anerkennen, deren ehrliche Überzeugung auch strafrechtlich zu berücksichtigen sei, sondern muß in ihnen nur gewissenlose Verbrecher gegen die vitalsten Interessen der Volksgemeinschaft und deren Wohl sehen, deren Straftaten eine besondere Gefahr für den Bestand des Staates bilden und die deshalb besonders harte Strafen verdienen«. »Ehrloserklärung, die bis zum höchsten Grade der Ächtung gesteigert werden kann«, war für Freisler das notwendige ideologische Surplus jedes Urteils. Die Gesinnungsverfolgung in der Zeit des Nationalsozialismus bringt die Demagogenverfolgung der Vormärzzeit in Erinnerung; nur: es ging jetzt nicht mehr um Freiheit und Festungshaft, sondern um den Kopf.

4. Politische Justiz als Terrorjustiz

Nur für kurze Zeit und nur in Einzelfällen hatte die politische Justiz das Rückgrat, sich politisch querzulegen. Ende 1936 fand im Reichsjustizministerium eine denkwürdige Besprechung zwischen den Spitzen der Gestapo und der Justizbürokratie statt[28]. Die Vorsitzenden der mit Hochverratssachen befaßten Strafsenate und die ›politische‹ Sachen bearbeitenden Abteilungsleiter der Staatsanwaltschaften trafen sich mit den Vertretern der Politischen Polizei. Das Ziel dieser Zusammenkunft war die Erarbeitung verbindlicher Richtlinien für den gerichtsförmigen Umgang mit dem politischen Gegner. Freisler hielt das Einleitungs- und Heydrich das Hauptreferat. Er sprach über »Der Kommunist im polizeilichen Ermittlungsverfahren und die Stellung der Vertrauensmänner der Gestapo im Strafprozeß«. Diese Tagung bedeutet für die Justizgeschichte des Dritten Reiches eine wichtige Wegmarke. Die politische Justiz wurde gleichsam auf die *Methoden* von SS und SD verpflichtet. Hatten die Normen des politischen Strafrechts auch noch so sehr nach oben gedrückt werden können, das *Strafverfahren* war für den Angeklagten trotz aller versuchten Manipulation der letzte Bürge seines Rechtsschutzes geblieben. Auf diesen zentralen Punkt zielten die Initiativen der Geheimen Staatspolizei. Die Spitzenbeamten des Reichsjustizministeriums haben sie sich zu eigen gemacht. Wie weit untere Gerichtsbehörden den neuen prozeßrechtlichen Anweisungen gefolgt sind, ist schwer auszumachen. Der Spielraum für ein das Recht beachtendes Verfahren jedenfalls wurde drastisch beschnitten.

»Unerwünschte Erörterungen in der Hauptverhandlung« war einer der Punkte, welche die Gestapo angeschnitten hatte. Die Vertreter des Reichsjustizministeriums legten bei ihm eine beschämende Beflissenheit an den Tag. Es ging darum, daß in bisherigen politischen Prozessen Angeklagte oft versucht hatten, »ihre Behandlung im Konzentrationslager, in der Polizeihaft und bei Vernehmungen sowie die Art des Zustandekommens von Geständnissen in der Hauptverhandlung zur Erörterung zu stellen«. In Dresden hatte z. B. das Gericht den Angeklagten abgenommen, daß sie durch die Behandlung im Konzentrationslager zum Kommunismus gekommen seien und dies bei den Strafzumessungsgründen als strafmildernd berücksichtigt. Dieser Strafpraxis sollte in Zukunft ein Riegel vorgeschoben werden. »Der Vorsitzer wird jeweils genau zu prüfen haben, ob und inwieweit in der Hauptverhandlung auf dieses Vorbringen eingegangen werden *muß*. So wird die Behandlung in der Schutzhaft im Regelfall mit dem Stoff der Hauptverhandlung überhaupt nicht im Zusammenhang stehen, so daß eine Erörterung von vornherein abgeschnitten werden sollte«.

Gegen ›Konzentrationslager‹ als Strafmilderungsgrund hatte das Ministerium »starke Bedenken«, doch noch »untunlicher« schien es ihm, einen solchen Grund »im schriftlichen Urteil ausdrücklich niederzulegen. Der Senat ist nicht gehalten, *alle* Erwägungen, die ihn im Strafmaß bestimmten, schriftlich in den Gründen mitzuteilen. . . . Man muß . . . soviel Fingerspitzengefühl verlangen, daß solche Gründe wie hier nicht niedergeschrieben werden, wenn man schon glaubt, sie berücksichtigen zu können«. ›Fingerspitzengefühl‹ wurde von der Justiz verlangt, wenn es um die Deckung der Grausamkeiten der Politischen Polizei ging. Sie sollte »verschärfte Vernehmungen« »als gegeben« hinnehmen. »Das Ansehen der Polizeibeamten und damit des Staates darf nicht von Richtern und damit wieder vom Staat *unnötig* vor Leuten, gegen die immerhin hinreichender Hochverratsverdacht besteht, beeinträchtigt werden«.

Das Regime war sich auch nach seiner Etablierung der Justiz nicht so sicher, wie die schwere Schuld, die die politische Justiz fraglos auf sich geladen hat, vermuten läßt. Nach dieser Tagung, die die Formierungsmacht der Gestapo für den Bereich der ›inneren Sicherheit‹ des Dritten Reiches klar zum Ausdruck bringt, hatten die Gerichtsbehörden weniger denn je die Möglichkeit, auch dem aus politischen Gründen Angeklagten einen an rechtsstaatliche Verfahrensgrundsätze gebundenen Prozeß zu garantieren. Das nationalsozialistische Unrecht gipfelte in der Preisgabe eines Verfahrensrechts, das in der Anfangsphase des Nationalsozialismus noch über den Gewaltcharakter des Regimes hat hinwegtäuschen können. Bald jedoch gab es für die Praktiken der Gestapo keine rechtlichen Begrenzungen mehr. 1936 wurden die Gerichte angewiesen, die »Glaubwürdigkeit« eines V-Mannes der Politischen Polizei nicht in Zweifel zu ziehen. »Die Tatsache der Verwendung eines V-Mannes allein und die Tatsache, daß ein Hauptbelastungszeuge als V-Mann tätig war, kann Bedenken gegen die Beweise des Staatsanwalts und gegen die Aussage des V-Mannes nicht begründen. Das Gericht wird sich vor Augen halten müssen, daß auch eine im übrigen nicht ganz einwandfreie Persönlichkeit ein durchaus brauchbarer V-Mann sein kann und auf diesem Gebiet auch durchaus Glauben verdienen kann. In keinem Falle sollte aus der Tatsache, daß V-Männer eingesetzt werden, dem Verfahren von vornherein mit einem gewissen Mißtrauen begegnet werden«. Für politische Gefangene wurden auf dieser Tagung auch die Bestimmungen über die Einzelhaft schärfer gefaßt; auch Minderjährigkeit sollte kein Strafmilderungsgrund mehr sein. »Wer Hochverräter ist, muß bestraft werden und büßen, auch wenn er Jugendlicher ist.

Bloße Erziehungsmaßregeln reichen grundsätzlich nicht aus«.

Die Verbrechen des nationalsozialistischen Staates stehen in keinem Verhältnis zu denen, die gegen ihn verübt wurden. Eine ihrer dunkelsten Stunden hatte die politische Justiz zweifellos, als den Widerstandskämpfern des 20. Juli 1944 vor dem Volksgerichtshof der Prozeß gemacht wurde. Das teuflische Pathos eines Freisler braucht hier nicht repetiert zu werden, und auch der repressive Rundumschlag, zu dem das nationalsozialistische Terrorregime ausholte, um die Widerstandsbewegung in ihren letzten Verästelungen zu treffen, ist bekannt. Dem Inferno des Jahres 1945 ging das Inferno der politischen Justiz voraus. Die Widerstandskämpfer des 20. Juli waren in den Augen der Nationalsozialisten politische Attentäter, die sich des Hochverrats schuldig gemacht und die Todesstrafe verwirkt hatten. Formaljuristisch ließen sich für die Widerstandsbewegung die härtesten Strafen unschwer begründen. Doch die lange Geschichte der politischen Kriminalität in Deutschland, zu der auch der Widerstand des 20. Juli zu zählen ist, zeigt, daß zur Frage des Rechts auch die nach dem Zusammenhang von Recht und Gerechtigkeit gehört. Die moderne deutsche Geschichte enthält viele Versuche der politischen Disziplinierung unter der fragwürdigen Berufung auf das Recht; doch unter dem Nationalsozialismus zerstörten die tödlichen Disziplinarprozeduren eines totalitären Systems das Recht selber. Daher kann man die Widerstandskämpfer nicht als Brecher, sondern als Vollzieher des Rechts in der Situation eines nationalen Notstands ansehen[29]. Dennoch kommen Zweifel auf, den 20. Juli so ohne weiteres als historische Belegstelle für die Berechtigung des politischen Attentats auszugeben. Gemahnt er nicht vielmehr daran, alle geistigen, politischen und sozialen Kräfte darauf zu verwenden, eine Situation zu verhindern, die den politischen Mord gerechtfertigt erscheinen läßt? Auf den Mut der Widerstandskämpfer des 20. Juli 1944 fällt der Schatten ihrer Mutlosigkeit beim Kampf um die Erhaltung des demokratischen Rechtsstaats in Deutschland – vor und nach dem 30. Januar 1933.

VI. Schluß:
Zum Wert historischer Erinnerung

»Der Gedanke, daß die Barbarei von der Barbarei kommt, löst das schreckliche Rätsel Deutschland nicht«, notierte Bertolt Brecht zu »Furcht und Elend des Dritten Reiches«[1]. »Das Maß der Gewalttaten läßt einen Schluß zu auf das Maß der Auflehnung. Insofern sind die Gewalttaten nicht von selbstherrlichen Trieben, sondern von Berechnungen verursacht und haben bei aller Dumpfheit, Widersprüchlichkeit, Verfehltheit ein rationelles Moment in sich.«

Brechts Anmerkungen zur Gewaltherrschaft des Nationalsozialismus enthalten Gesichtspunkte, die auch auf die wechselvolle Geschichte der politischen Kriminalität in Deutschland anwendbar sind. Diese Geschichte bietet sich vom frühen 19. Jahrhundert an als eine Geschichte staatlich gezähmter Auflehnung dar. Die politische Justiz, dieses ›rationellste Moment‹ staatlicher Herrschaftssicherung, hatte ihren Anteil daran, daß politischer Veränderungswille in den Untergrund strafbaren Handelns abgedrängt werden konnte. Es gibt keinen Zugang zur politischen Kriminalität ohne ein genaues Vermessen des Aktionsfeldes der politischen Justiz.

In der deutschen Geschichte hatte sie in der Weimarer Zeit ihre demokratische Bewährungsprobe zu bestehen. Zu schwer lasteten jedoch die Bleigewichte der obrigkeitsstaatlichen Tradition auf dem Bemühen der Justiz, das Recht als Sicherungsmethode des demokratischen Rechtsstaats einzusetzen. Dennoch wäre es verfehlt, den geschichtlichen Weg der politischen Justiz vom Fluchtpunkt der Terrorjustiz des Nationalsozialismus her aufzurollen. Lohnender und wichtiger für die Probleme, die uns auf den Nägeln brennen, ist eine nüchterne Rekonstruktion des demokratischen Potentials, das die deutsche Justizgeschichte *auch* enthält – so schwach und von permanenten Rückschlägen bedroht es auch gewesen sein mag.

Von den Debatten der preußischen Justizbehörden im Vormärz, über die Spruchtätigkeit der ›Klassenjustiz‹ in der Bismarckzeit bis hin zum freilich oft vergeblichen Nachsetzen der Weimarer Strafjustiz bei nationalsozialistischen Provokationen läßt sich eine schwache Traditionslinie der Rechtswahrung wie der Rechtsdurchsetzung auch gegenüber dem politischen Angeklagten ziehen. Auf sie aufmerksam zu machen, ist dann gerechtfertigt, wenn schonungslos den ›Staatsverbrechen‹ in der deutschen Geschichte nachgegangen und dieser juristische Begriff als eine historische Kategorie entfaltet wird.

Wenn es um historische Anknüpfungspunkte für unsere politische Kultur heute geht, gehören die Bereiche von politischer Justiz und politischer Kriminalität ins Zentrum eines Nachdenkens, das sich um den Erhalt der rechtsstaatlichen Demokratie sorgt. Ihren Gegnern hält die Geschichte ebenso einen Spiegel vor wie ihren durch politische Gewalttaten verunsicherten Verteidigern. Erst im historischen Rückblick erschließt sich das Verantwortungslose jener Lässigkeit, mit der heute von ›links‹ Begriffe wie ›Zwang‹, ›Repression‹ und ›Widerstand‹ in die Debatte geworfen werden. Die Geschichte zeigt aber auch, daß die Selbstgefährdung des Rechtsstaats immer größer gewesen ist als seine Gefährdung von außen. Nach der Revolution von 1848/49 wurden aus Angst vor einer Verschiebung der politischen Gewichte erkämpfte Grundfreiheiten wieder zurückgenommen; diejenigen, die auf ihnen bestanden, wanderten als politische Kriminelle vor die Schranken der Gerichte. Die im Zeichen der Revolutionsfurcht der Herrschenden stehende Bismarckzeit ist nur eine Etappe auf dem langen Weg der politischen Gesinnungsverfolgung; es gab in den Jahrzehnten vor dem Ersten Weltkrieg massive Manipulationsversuche am politischen Strafrecht und eine Vielzahl von Urteilen, denen eher das Prädikat Rechtsbeugung als Rechtsverwirklichung zukommt. Den Rollenwechsel, zu dem die politische Justiz 1918/19 genötigt wurde, hat sie innerlich nie mitvollzogen: Vom Selbstverständnis her war sie auch in der Weimarer Zeit immer noch der Schildknappe des monarchischen Obrigkeitsstaates und seiner demokratiefeindlichen Strukturen. Dennoch bleibt festzuhalten, daß der Opportunismus gegen ›rechts‹ und der Urteilseifer gegen ›links‹ immer um die Wahrung eines rechtsstaatlichen Verfahrens bemüht waren. Deshalb konnte der Strafprozeß oft die übertriebenen Sanktionsdrohungen des materiellen politischen Strafrechts korrigieren. Erst unter dem Nationalsozialismus gab die Justiz die Bindung an die *rechtsstaatliche Form* auf. So fragwürdig ihr Tun bisher auch gewesen sein mochte, erst jetzt wurde sie zur Willkürjustiz. Mit den Formen des Rechts zerstörte die NS-Justiz das Recht selbst. Für willkürlich konstruierte Anklagen ohne empirischen Sachverhalt und für die Beliebigkeit von Schuldkonstruktionen gab es keine verfahrensrechtlichen Begrenzungen mehr.

Die Geschichte der politischen Kriminalität in Deutschland führt die Gefahr des Abgleitens des Rechtsstaats in den Unrechtsstaat vor Augen; sie zeigt darüber hinaus die Mechanismen dieses Abgleitens. Insofern ist sie ein Lehrstück für den Umgang des Rechtsstaats mit politischer Kriminalität gerade in der heutigen Zeit.

Zu Beginn der achtziger Jahre hat es den Anschein, daß politische Kriminalität in der Bundesrepublik Deutschland in eine postterroristische Phase eingetreten ist. Neue Formen der Gewalt (Straßenkämpfe) begegnen mit einem neuen politischen Motivationskern. Die gewaltsame Provokation der Staatsmacht ist nicht mehr allein Sache konspirativer Zirkel; die offene Konfrontation mit der Polizei wird z. T. bewußt gesucht. Auch dies ist eine Herausforderung des Rechtsstaats durch zerstörerische Politikformen. In den siebziger Jahren hatten »RAF«, »Bewegung 2. Juni« und »Revolutionäre Zellen« versucht, die Rechts-, Gesellschafts- und Staatsordnung der Bundesrepublik im terroristischen Handstreich aus den Angeln zu heben. Den militärisch geplanten Aktionen entsprach die Militanz einer Ideologie, die ihre politische Mitte verloren hatte. Nur noch die Frontkämpfer des Terrorismus konnten nachvollziehen, was Ulrike Meinhof 1974 über die »Dialektik von Revolution und Konterrevolution« schrieb: »das ist die dialektik der strategie des antiimperialistischen kampfes: daß durch die defensive, die reaktion des systems, die eskalation der konterrevolution, die umwandlung des politischen ausnahmezustandes in den militärischen ausnahmezustand der feind sich kenntlich macht, sichtbar – und so, durch seinen eigenen terror, die massen gegen sich aufbringt, die widersprüche verschärft, den revolutionären kampf zwingend macht«[2].

Hinter den »RAF«-Konzepten für den revolutionären Kampf verbarg sich nicht nur elitäre Anmaßung, sondern auch ein Denken, dem historisches Differenzierungsvermögen abging. Der blutige Fanatismus der selbsternannten Revolutionselite beschwor die kapitalistische Gesellschaft als einen alltäglichen Gewaltzusammenhang, aus dem Geschichte gleichsam herausfiel. In der Perspektive der ›Diktatur der Bourgeoisie‹ verschmolzen Weimarer Republik, die Epoche des deutschen Faschismus und bundesrepublikanische Nachkriegszeit zu einem einheitlichen, durch nichts unterschiedenen historischen Erfahrungszusammenhang; doch die deutsche Geschichte oder auch nur die Geschichte der deutschen Klassengesellschaft besteht keineswegs aus einer Wiederkehr des Immergleichen. Das revolutionäre Bewußtsein der ›Roten Armee Fraktion‹ war ein zutiefst unhistorisches Bewußtsein. Der Wahnwitz blindwütiger Terrorakte hat nicht zuletzt auch in Analysedefiziten dieser Art eine seiner Ursachen.

Die von Ulrike Meinhof prognostizierte Systemreaktion blieb aus, obwohl die Sorge um den Erhalt einer rechtsstaatlichen Strafrechtspflege in vielem berechtigt gewesen ist. Im Rückblick auf das vergangene Jahrzehnt erweist sich die auf historischen Erfahrungen fußende Sensibilität für die Gefährdungen des Rechtsstaats als ein nicht hoch genug zu veranschlagender Aktivposten der bundesrepublikanischen Demokratie. Gegenwärtig ist eine Strömung politischer Gewalt zu beobachten, die weniger mit gesellschaftlichen Theorien als mit gesellschaftlichen Bedürfnissen zusammenzuhängen scheint. Die Protestformen sich erst noch formierender sozialer Bewegungen wie z. B. der Friedens- oder Ökologiebewegung changieren in bezug auf die Gewaltfrage. Doch hier finden Klärungsprozesse statt, die es für die etablierte Politik nahelegen sollten, den schnellen Griff zum Instrumentarium der politischen Justiz zu überdenken. Die klare Grenzziehung gegenüber jeder Form von Gewalt in der politischen Auseinandersetzung darf nicht zur Totalausgrenzung von Menschen führen, in deren Schicksalen sich häufig die Modernitätskrise unserer Zivilisation bündelt. Das A im Kreis steht heute nicht unbedingt für Anarchie, eher für ›Anders‹ und Anderes: »A wie Abschaum, Asozial, Arbeitslos, Ananasmarmelade, AKW, Autonomie« kann man auf Lederjacken von Jugendlichen lesen. Die Geschichte der politischen Kriminalität in Deutschland legt es für unsere Zeit nahe, das in Erinnerung zu rufen, was Karl Marx Anfang der vierziger Jahre des vorigen Jahrhunderts kommentierend zu Holzdiebstahl und Holzdieben anmerkte; es hat seine Bedeutung auch für den Umgang des Staates mit dem politischen Verbrecher. Der Staat, so Marx, amputiere sich selbst, »so oft er aus einem Bürger einen Verbrecher macht«. »Unmittelbar folgt daher für ihn die Pflicht, als Staat und in der Weise des Staats sich zu dem Verbrecher zu verhalten. Der Staat hat nicht nur die Mittel, auf eine Weise zu agieren, die ebenso seiner Vernunft, seiner Allgemeinheit und Würde, wie dem Recht, dem Leben und Eigentum des inkriminierten Bürgers angemessen ist; es ist seine unbedingte Pflicht, diese Mittel zu haben und anzuwenden«.[3]

Abkürzungen

ALR	Allgemeines Landrecht für die Preußischen Staaten
BA	Bundesarchiv
BVP	Bayerische Volkspartei
DDP	Deutsche Demokratische Partei
Diss.	Dissertation
DNVP	Deutschnationale Volkspartei
DVP	Deutsche Volkspartei
GStA	Geheimes Staatsarchiv
Gestapo	Geheime Staatspolizei
HStA	Hauptstaatsarchiv
JR	Juristische Rundschau
JSch	Juristische Schulung
KG	Kammergericht
KJ	Kritische Justiz
KPD	Kommunistische Partei Deutschlands
LG	Landgericht
NJW	Neue Juristische Wochenschrift
NPL	Neue Politische Literatur
NSDAP	Nationalsozialistische Deutsche Arbeiterpartei
OLG	Oberlandesgericht
OStA	Oberstaatsanwalt
PrJM	Preußisches Justizministerium
PrMdI	Preußischer Minister des Innern
PrMI	Preußisches Ministerium des Innern
PrStM	Preußisches Staatsministerium
RG	Reichsgericht
RGBl	Reichsgesetzblatt
RGSt	Entscheidungen des Reichsgerichts in Strafsachen
RJM	Reichsminister(ium) der Justiz
RMdI	Reichsminister des Innern
RMI	Reichsministerium des Innern
SA	Sturmabteilung der NSDAP
SD	Sicherheitsdienst des Reichsführers-SS
SPD	Sozialdemokratische Partei Deutschlands
SS	Schutzstaffeln der NSDAP
StA	Staatsanwaltschaft
StGB	Strafgesetzbuch

Anmerkungen

Vorbemerkung

1 Vgl. H. Lübbe, Endstation Terror. Rückblick auf lange Märsche, Stuttgart 1978, 8: »Es handelt sich darum, kulturrevolutionäre Prämissen des intellektuellen Radikalismus aufzudecken, der in seiner Extremform dann terroristisch geworden ist«.

2 Vgl. P. Brückner, Über die Gewalt. Sechs Aufsätze zur Rolle der Gewalt in der Entstehung u. Zerstörung sozialer Systeme, Berlin 1979, hier: 28-53. Wolkiges Lamentieren vermag die These kaum abzusichern, daß die ›Rote Armee Fraktion‹ »ein Produkt [der] kontraemanzipativen Geschichte« der Bundesrepublik sei; auch die studentischen Demonstrationen in den sechziger Jahren werden in ihrer politischen Dimension verkürzt, wenn man sie als »Sonden« beschreibt, »jene Eihaut abziehend, unter der verschiedene Repressionssyndrome fertig verborgen lagen«.

3 Als gründlichste Arbeit vgl. S. Papcke, Progressive Gewalt. Studien zum sozialen Widerstandsrecht, Frankfurt 1973.

4 Zu Polen unter dem Gesichtspunkt rechtlicher Repression vgl. U. Mückenberger, Streikrecht u. Staatsgewalt in Polen, in: KJ 15. 1982, 42-66; J. Perels, Staatsapparat u. gesellschaftliche Selbstbestimmung in Polen, in: ebd., 67-78.

I

Politischer Terrorismus
als Problem des demokratischen Rechtsstaats

1 O. Kirchheimer, Politische Justiz, Verwendung juristischer Verfahrensmöglichkeiten zu politischen Zwecken, Neuwied 1965, 621.

2 Vgl. W. de Boor Hg., Politisch motivierte Kriminalität – echte Kriminalität?, Köln 1978.

3 Vgl. F.-Chr. Schroeder, Der Schutz von Staat u. Verfassung im Strafrecht, Eine systematische Darstellung, entwickelt aus Rechtsgeschichte u. Rechtsvergleichung, München 1970, 36-86.

4 Vgl. Brockhaus' Conversations-Lexikon, Bd. 13, Leipzig 1886[13], 130.

5 G. Büchner, Sämtliche Werke, Berlin 1963, 394 f. (Brief vom 5. April 1833).

6 Kirchheimer, 606.

7 O. v. Bismarck, Die gesammelten Werke, Bd. 12, 446 f. (Rede vom 9. Mai 1884).

8 Vgl. ebd., Bd. 6c, 409 (Votum an das PrStM vom 13. Februar 1889).

9 K. Marx u. F. Engels, Werke, Bd. 34, 77 f. (Brief vom 17. September 1878).

10 Vgl. ebd., 497 f. (Konspekt der Reichstagsdebatte über das Sozialistengesetz).

11 H. E. v. Globig u. J. G. Huster, Staats-Verbrechen (1783), in: F.-Chr. Schroeder Hg., Texte zur Theorie des politischen Strafrechts Ende des 18. Jh./Mitte des 19. Jh., Darmstadt 1974, 1-13, hier: 2.

12 ALR von 1794, Hg. H. Hattenhauer, Frankfurt 1970, 669 f. (Zwanzigster Titel, Zweyter Abschnitt).

13 Vgl. StGB für das Deutsche Reich vom 15. Mai 1871, Gera 1876.

14 Vgl. A. v. Brünneck, Politische Justiz gegen Kommunisten in der Bundesrepublik Deutschland 1949-1968, Frankfurt 1978, 337.

15 Vgl. ebd., 363.

16 E. Denninger, Gewalt, innere Sicherheit u. demokratischer Rechtsstaat, in: ZRP 6. 1973, 269.

17 Vgl. H. Dahs, Das »Anti-Terroristen-Gesetz« – eine Niederlage des Rechtsstaats, in: NJW 29. 1976, 2145-51.

18 H.-J. Vogel, Strafverfahrensrecht u. Terrorismus – eine Bilanz, in: NJW 31. 1978, 1218.

II

Politische Verbrechen und Vergehen im Zeitalter der Restauration

1 Deutsche Bundesakte vom 8. Juni 1815, in: E. R. Huber Hg., Dokumente zur deutschen Verfassungsgeschichte, Bd. 1: 1803-1850, Stuttgart 1961, 75 ff.

2 Zitiert nach E. R. Huber, Deutsche Verfassungsgeschichte seit 1789, Bd. 1: 1789-1830, Stuttgart 1967², 730.

3 Vgl. ebd., 733.

4 Vgl. Huber, Dokumente, Bd. 1, 90-95.

5 Ebd., 95-102.

6 Ebd., 120-22 (Die Zehn Artikel vom 5. Juli 1832).

7 Vgl. Huber, Verfassungsgeschichte, Bd. 2: 1830-1850, Stuttgart 1968², 173-77.

8 Die Überlieferung der frühen preußischen Justizstatistik in: GStA Berlin-Dahlem, Rep. 84a, Nr. 10111-10114; 10116; 10121-10126.

9 Das folgende nach: GStA Berlin-Dahlem, Rep. 84a, Nr. 8208, 68 ff.

10 Ebd., 75-82 (Gutachten des OLG Halberstadt vom 22. April 1836).

11 Ebd., 136-59 (Gutachten des OLG Königsberg vom 12. Oktober 1836).

12 Vgl. zur statistischen Überlieferung Anm. 8.

13 Votum des PrMdI vom 27. August 1845 betr. den Erlaß einer VO wegen Anwendung des Bundesbeschlusses vom 5. Juli 1832, in: GStA Berlin-Dahlem, Rep. 84a, Nr. 8209, 17-22.

14 Diese VO ebd., 58.

15 Vgl. zur statistischen Überlieferung Anm. 8.

16 Schreiben des PrMdI vom 4. Oktober 1848, in: GStA Berlin-Dahlem, Rep. 84a, Nr. 8209, 60 f.

17 Schreiben des PrJM an sämtliche Gerichtsbehörden vom 8. Oktober 1848, in: ebd., 62-65.

18 Schreiben des Oberpräsidenten von Westfalen an den PrMdI vom 1. Dezember 1848, in: ebd., 142-43.

19 Schreiben des OLG Glogau vom 12. Januar 1849 an das PrJM, in: ebd., 168-71.

20 Schreiben des PrJM vom 8. Dezember 1848, in: ebd., 127-28.

21 Schreiben des Frankfurter RJM vom 24. September 1848 an das PrStM, in: ebd., 78.

22 Schreiben vom 20. Mai 1849 an das PrStM, in: ebd., 194.

III

Reaktionszeit und Kaiserreich: Politische Kriminalität als Appendix politischer Justiz

1 Huber, Dokumente, Bd. 2: 1851-1918, Stuttgart 1964, 1 f.

2 Ebd., 2-7.

3 Vgl. Huber, Verfassungsgeschichte, Bd. 3: Bismarck u. das Reich, Stuttgart 1963, 109 f.

4 Vgl. zur statistischen Überlieferung Kap. II, Anm. 8.

5 Vgl. Huber, Verfassungsgeschichte, Bd. 3, 172-74.

6 Das folgende nach: HStA Düsseldorf, LG u. StA Düsseldorf, Rep. 4/280.

7 F. v. Freiligrath, Werke, Bd. I/2, Hildesheim 1974, 137-38.

8 Gesetz betreffend die Kompetenz des Kammergerichts zur Untersuchung und Entscheidung wegen der Staatsverbrechen und das dabei zu beobachtende Verfahren vom 25. April 1853.

9 Vgl. Huber, Verfassungsgeschichte, Bd. 4: Struktur u. Krisen des Kaiserreichs, Stuttgart 1969, 1145-48.

10 GStA Berlin-Dahlem, Rep. 84a, Nr. 8469, 57.

11 Ebd.

12 Ebd.

13 Ebd., 61.
14 Vgl. ebd., 2.
15 Ebd., 64.
16 Ebd., 53-56.
17 Schreiben des Frankfurter OStA an das PrJM vom 23. November 1894, in: ebd., 201 ff.
18 Schreiben des Breslauer OStA an das PrJM vom 4. Dezember 1894, in: ebd., 98 ff.
19 Vgl. Huber, Verfassungsgeschichte, Bd. 4, 256-59.
20 Gesetzentwurf und Begründung in: Huber, Dokumente, Bd. 2, 429-34.
21 Zitiert nach Huber, Verfassungsgeschichte, Bd. 5: Weltkrieg, Revolution u. Reichserneuerung 1914-1919, Stuttgart 1978, 41.
22 Ebd., 36.
23 GStA Berlin-Dahlem, Rep. 84a, Nr. 8211, 321-27.
24 Vgl. Huber, Verfassungsgeschichte, Bd. 5, 185-87.
25 Ebd., 177.
26 GStA Berlin-Dahlem, Rep. 84a, Nr. 4347, 28.
27 Der gesamte Vorgang zitiert nach: HStA Düsseldorf, LG u. StA Düsseldorf, Rep. 17/208.
28 Der Aufsatz »Der Wiederaufbau der Internationalen« wird im folgenden aus der aktenmäßigen Überlieferung zitiert, vgl. Anm. 27.
29 HStA Düsseldorf, LG u. StA Düsseldorf, Rep. 17/210.

IV

Politische Justiz und politische Verbrechen in der Weimarer Zeit

1 K. D. Bracher, Einleitung, in: H. u. E. Hannover, Politische Justiz 1918-1933, Frankfurt 1966, 9-13.
2 Die Niederschrift dieser Sitzung vom 9. April 1921 im Oberpräsidium in Münster in: GStA Berlin-Dahlem, Rep. 84a, Nr. 8472, 17-30.
3 Ebd., 18.
4 Vgl. Huber, Verfassungsgeschichte, Bd. 5, 928-32.
5 RGSt, Bd. 53, 65 ff., zitiert nach ebd., 932.
6 Urteil und Urteilsbegründung des Volksgerichts München in: Huber, Dokumente, Bd. 3: Dokumente der Novemberrevolution u. der Weimarer Republik 1918-1933, Stuttgart 1966, 362-66.
7 Vgl. Hannover, 277-81.
8 Zitiert nach ebd., 278.
9 Vgl. Huber, Verfassungsgeschichte, Bd. 5, 925-28.
10 Vgl. dazu Hannover, 200-14.
11 Vgl. Huber, Dokumente, Bd. 3, 248 f.

12 Vgl. ebd., 253 f. u. 264 f.

13 HStA Düsseldorf, Regierung Düsseldorf, Nr. 16893, 14 f.

14 Ebd., 15-16.

15 GStA Berlin-Dahlem, Rep. 84a, Nr. 8474, 39 f.

16 GStA Berlin-Dahlem, Rep. 84a, Nr. 11770, 1.

17 Huber, Dokumente, Bd. 3, 253 f.

18 Vgl. Huber, Verfassungsgeschichte, Bd. 6: Die Weimarer Reichsverfassung, Stuttgart 1981, 660 f.

19 Zitiert nach ebd., 661.

20 Vgl. ders., Dokumente, Bd. 3, 202-04.

21 Ebd., 265 f.

22 Ebd., 266-68.

23 Das Folgende nach: HStA Düsseldorf, LG u. StA Düsseldorf, Rep. 17/389.

24 Vgl. Huber, Dokumente, Bd. 3, 268.

25 Das Folgende nach: HStA Düsseldorf, LG u. StA Mönchengladbach, Rep. 10/230.

26 G. Jasper, Der Schutz der Republik, Studien zur staatlichen Sicherung der Demokratie in der Weimarer Republik 1922-1930, Tübingen 1963, 287 f.

27 VO des Reichspräsidenten zur Bekämpfung politischer Ausschreitungen vom 28. März 1931, in: Huber, Dokumente, Bd. 3, 445-49.

28 Ebd., 473 f.

29 Ebd., 492-96.

30 Ebd., 496 f.

31 Ebd., 519 f.

32 Ebd., 520 f.

33 Das Urteil in: ebd., 522; zum Mord von Potempa vgl. Hannover, 301-10.

34 Der Protestaufruf Hitlers gegen das Urteil des Sondergerichts Beuthen in: ebd., 522 f.

35 Vgl. die Kundgebung der Reichsregierung und der preußischen Kommissariatsregierung zu dem Beuthener Urteil vom 23. August 1932, in: ebd., 523.

V

Die Zerstörung des Rechts als Akt der politischen Justiz: Die Zeit des Nationalsozialismus

1 C. Schmitt, Die legale Weltrevolution, Politischer Mehrwert als Prämie auf juristische Legalität u. Superlegalität, in: Der Staat 17. 1978, 321-39.

2 Diese VO und die folgenden Verordnungen und Gesetze aus der nationalsozialistischen Zeit werden nach dem RGBl zitiert.

3 BA Koblenz, R 43 II/397 (Reichskanzlei), 46-47.

4 Ebd., 65-69.

5 Ebd., 65.

6 Vgl. den Runderlaß des PrMI vom 3. 3. 1933 betr. die »Durchführung« der VO vom 28. 2. 1933.

7 Ebd.

8 So in der Ministerbesprechung vom 28. Februar 1933, in: BA Koblenz, R 43 II/397, 65.

9 Diese Ministerbesprechung in: ebd., 79-89.

10 Ebd., 80 f.

11 Ebd., 86.

12 Ebd., 87.

13 Ebd., 88.

14 O. Kirchheimer, Staatsgefüge u. Recht des dritten Reiches (1935), in: KJ 9. 1976, 59.

15 BA Koblenz, R 22/953 (Reichsjustizministerium), 21-24.

16 P. Hüttenberger, Heimtückefälle vor dem Sondergericht München, 1933-1939, in: M. Broszat u. a. Hg., Bayern in der NS-Zeit, Bd. IV, Herrschaft u. Gesellschaft im Konflikt, München 1981, 439.

17 Ebd., 492.

18 VO des Reichspräsidenten über die Gewährung von Straffreiheit vom 21. März 1933.

19 BA Koblenz, R 22/953, 110-112.

20 Ebd., R 22/1496, 30.

21 Ebd., 31-33.

22 BA Koblenz, R 43 II/1519, 113 ff.; vgl. zum Verwaltungsaufbau des VGH das »Gesetz über den Volksgerichtshof und über die fünfundzwanzigste Änderung des Besoldungsgesetzes« vom 18. April 1936.

23 Die Protokolle der Kommissionssitzungen in: BA Koblenz, R 22/980.

24 BA Koblenz, R 22/5004.

25 Schreiben des Generalstaatsanwalts beim KG an den RJM vom 9. Juli 1936, in: ebd.

26 BA Koblenz, R 22/953, 49-52.

27 Ebd., 126-129.

28 Die Referate dieser Tagung vom 11. u. 12. November 1936 in: BA Koblenz, R 22/5004.

29 Vgl. W. Wagner, Der Volksgerichtshof im nationalsozialistischen Staat, Stuttgart 1974, 793.

VI

Schluß: Zum Wert historischer Erinnerung

1 B. Brecht, Schriften zur Politik u. Gesellschaft, in: ders., Gesammelte Werke, Bd. 20, Frankfurt 1967, 251.
2 U. Meinhof, Rede im Baader-Befreiungsprozeß (13. 9. 1974), zitiert nach: H. Münkler, Guerillakrieg und Terrorismus, in: NPL 25. 1980, 299-326, hier 309.
3 K. Marx, Debatten über das Holzdiebstahlgesetz, in: Marx/Engels Werke, Berlin 1957, Bd. 1, 109-147, hier 121 u. 125.

Quellen und Literatur

Quellen

1. Geheimes Staatsarchiv Berlin-Dahlem
   Bestand: Preußisches Justizministerium.
2. Bundesarchiv Koblenz
   Bestand: Reichsjustizministerium; Reichskanzlei.
3. Hauptstaatsarchiv Düsseldorf (Düsseldorf-Kalkum)
   Bestand: Landgericht und Staatsanwaltschaft Düsseldorf; Landgericht
   und Staatsanwaltschaft Mönchengladbach; Regierung Düsseldorf.

Literatur

Die nachfolgende Bibliographie hat Auswahlcharakter. Dem alphabetisch
angelegten Verzeichnis der Literatur sind Hinweise vorangestellt, die dem
Interessierten die Orientierung erleichtern sollen.

Politische Kriminalität:

Die beste historische Annäherung an politische Kriminalität in den Bü-
chern des besten Kenners des politischen Terrorismus der Gegenwart, *W.
Laqueur*. Unter vergleichenden Aspekten (Frankreich, Deutschland, England) sehr zu empfehlen der historische Längsschnitt von *B. L. Ingraham*.
Zum historischen Wurzelboden des Terrorismus im europäischen Anarchismus vgl. die Arbeiten von *P. Lösche*. Zu täterorientiert für eine historische Strukturanalyse ist die Beschäftigung der Kriminologie mit politischer Gewaltkriminalität *(W. Middendorff)*. Von aktuellen Erfahrungen
her thematisiert *W. Maihofer* den Begriff der ›Politischen Kriminalität‹;
aktuelle Erfahrungen liegen auch dem vom Bundesinnenministerium herausgegebenen vierbändigen Werk *Analysen zum Terrorismus* zugrunde.
Als Orientierungspunkt in der uferlosen Diskussion ›Politisch motivierte
Kriminalität – echte Kriminalität?‹ vgl. den von *W. de Boor* herausgegebenen Sammelband. Thematisierung der staatlichen Reaktionen auf den
Terrorismus (Vergleich Italien – Bundesrepublik) bei *E. Blankenburg* Hg.
– Zur kontroversen Diskussion über politische Gewalt in ›Wort und Tat‹
vgl. die selbstgerechten Streitschriften von *P. Brückner* und *H. Lübbe;*
dagegen heben sich wohltuend ab *K. D. Brachers* besorgte Analysen über
›Geschichte und Gewalt‹.

Grundlegend und unüberholt ist hier das große Werk von O. *Kirchheimer;* seine Erfahrungen mit der Perversion der politischen Strafjustiz im Dritten Reich hat Kirchheimer in eine historisch gesättigte Phänomenologie der ›Politischen Justiz‹ umgesetzt. Für den Handlungsrahmen der politischen Justiz, das politische Strafrecht, grundlegend die rechtsgeschichtliche und rechtsvergleichende Arbeit von F.-Chr. *Schroeder;* zur Geschichte der rechtlichen Privilegierung des politischen Straftäters vgl. *Chr. Baltzer.* – Zur politischen Justiz in der Bundesrepublik vgl. die sich historisch vergewissernde Studie von H. *Ridder;* zur Praxis der politischen Justiz in der Bundesrepublik das die Kommunistenverfolgung aufarbeitende Buch von A. v. *Brünneck;* zur Formveränderung des materiellen und formellen Strafrechts in der Bundesrepublik während der siebziger Jahre vgl. die unterschiedlichen Einschätzungen von H. *Dahs* und H.-J. *Vogel.*

Historische Untersuchungen:

Unter den Stichworten ›strafrechtlicher Verfassungsschutz‹, ›Strafjustiz‹ usw. findet sich wichtiges Material in der auf bisher acht Bände angewachsenen ›Deutschen Verfassungsgeschichte seit 1789‹ von E. R. *Huber;* sie reicht bis in die Weimarer Zeit. Ebenfalls unentbehrlich sind die von Huber herausgegebenen drei Bände ›Dokumente zur deutschen Verfassungsgeschichte‹. Wie engmaschig das Netz politischer Justiz im Vormärz war, zeigt die die Aktenbestände der Repressionsbehörden des Deutschen Bundes auswertende zeitgeschichtliche Arbeit von L. F. *Ilse.* Für den politischen Terrorismus wie für die politische Strafjustiz im Deutschen Kaiserreich gleichermaßen zentral die umfassende Darstellung von J. *Wagner.* Zur Gewaltdiskussion innerhalb der politischen Arbeiterbewegung vgl. die wichtige Studie von H. *Grebing.* – Einen hohen Quellenwert haben die »*Entscheidungen des Reichsgerichts in Strafsachen*«; sie liegen in 77 Bänden für den Zeitraum 1879–1944 vor und bilden einen Justizkommentar auch zur Geschichte der politischen Kriminalität. – Für die Weimarer Zeit bisher unüberholt das glänzende Buch von G. *Jasper.* Daneben die das reichhaltige zeitgenössische Schrifttum auswertende Darstellung von H. u. E. *Hannover.* Aus der Fülle der Zeugnisse republikanischer Kritik an der Justiz in den zwanziger Jahren vgl. E. J. *Gumbel* (Vier Jahre politischer Mord) und M. *Liepmann;* als Gegenschrift von republikfeindlicher Seite: R. *Graf v. d. Goltz.* Zur auf dem rechten Auge blinden Hochverratsjustiz in der Weimarer Republik jetzt die Darstellung und Dokumentation des Prozesses gegen die Ulmer Reichswehroffiziere von P. *Bucher.* – Die Justizgeschichte des Dritten Reichs liegt auch heute noch im argen; vgl. dazu den Forschungsüberblick von M. *Stolleis* und die methodischen

Überlegungen von *M. Stolleis u. D. Simon.* Ansätze zur Würdigung der politischen Strafjustiz in der Dokumentation von *M. Broszat.* Reichhaltiges Material enthält *W. Wagners* Arbeit über den Volksgerichtshof; in der Wertung problematisch ist *H. Weinkauffs* ›Überblick‹: Nicht, was die Justiz getan, sondern was man ihr angetan hat, wird vornehmlich geschildert. Dagegen *I. Staff* und die neueren Arbeiten von *D. Kolbe, H. Robinsohn* und *D. Güstrow.* Wegweisend für eine noch zu schreibende Geschichte der politischen Strafjustiz unter dem Nationalsozialismus ist die ebenso quellennahe wie problemvertiefende Arbeit von *P. Hüttenberger* über das Sondergericht München. – Ein von *W. J. Mommsen* u. *G. Hirschfeld* herausgegebener neuerer Tagungsband über ›Sozialprotest, Gewalt, Terror‹ dokumentiert eindrucksvoll die weit in das 19. Jahrhundert zurückreichenden Kontinuitätslinien von ›Gewaltanwendung durch politische und gesellschaftliche Randgruppen‹ in der europäischen Geschichte; von nichtlegaler Gewaltanwendung als Randgruppenphänomen auszugehen, ist freilich problematisch. Hier gerät der soziale Wurzelboden der politischen Kriminalität ebensowenig in den Blick wie die breite Spur staatlicher Gewalt in Geschichte und Gegenwart.

Allgemeines Landrecht für die Preußischen Staaten von 1794, Hg. M. Hattenhauer, Frankfurt 1970.

W. Ammann, Die Problematik des vorverlegten Staatsschutzes, in: C. Nedelmann u. a., Kritik der Strafrechtsreform, Frankfurt 1968, 121-168.

Analysen zum Terrorismus, hg. vom Bundesministerium des Innern, 4 Bde., Opladen 1981/82. Bd. 1, Ideologien und Strategien. Bd. 2, Lebenslaufanalysen. Bd. 3, Gruppenprozesse. Bd. 4, Gesellschaftliche Prozesse und Reaktionen.

Ch. Baltzer, Die geschichtlichen Grundlagen der privilegierten Behandlung politischer Straftäter im Reichsstrafgesetzbuch von 1871, Bonn 1966.

S. Binder, Terrorismus, Herausforderung u. Antwort, Bonn 1978.

O. v. Bismarck, Die gesammelten Werke, Bde. 6c u. 12 (Nachdruck Lichtenstein 1972).

B. Blanke, Der deutsche Faschismus als Doppelstaat, in: KJ 8. 1975, 221-243.

E. Blankenburg Hg., Politik der inneren Sicherheit, Frankfurt 1980.

Ch. Bockemühl, 25 Jahre nach dem KPD-Verbot, Historische u. aktuelle Überlegungen, in: Aus Politik u. Zeitgeschichte B 46. 1981 (14. 11. 1981), 3-12.

E.-W. Böckenförde, Der verdrängte Ausnahmezustand, Zum Handeln der Staatsgewalt in außergewöhnlichen Lagen, in: NJW 31. 1978, 1881-1890.

W. de Boor Hg., Politisch motivierte Kriminalität – echte Kriminalität?, Köln 1978.

K. D. Bracher, Geschichte u. Gewalt, Zur Politik im 20. Jahrhundert, Berlin 1981.

B. Brecht, Schriften zur Politik u. Gesellschaft, in: ders., Gesammelte Werke, Bd. 20, Frankfurt 1967.

Brockhaus' Conversations-Lexikon, Bd. 13, Leipzig 1886[13].

M. Broszat, Zur Perversion der Strafjustiz im Dritten Reich, in: VfZ 6. 1958, 390-443.

P. Brückner, Über die Gewalt, Sechs Aufsätze zur Rolle der Gewalt in der Entstehung u. Zerstörung sozialer Systeme, Berlin 1979.

A. v. Brünneck, Politische Justiz gegen Kommunisten in der Bundesrepublik Deutschland 1949-1968, Frankfurt 1978.

–, Die Justiz im deutschen Faschismus, in: KJ 3. 1970, 21-35.

P. Bucher, Der Reichswehrprozeß, Der Hochverrat der Ulmer Reichswehroffiziere 1929/30, Boppard 1967.

G. Buchheit, Richter in roter Robe, Freisler, Präsident des Volksgerichtshofes, München 1968.

G. Büchner, Sämtliche Werke, Berlin 1963.

J. Cattepoel, Der Anarchismus, Gestalten, Geschichte, Probleme, München 1979[3].

G. Dahm, Verrat u. Verbrechen, in: ZStW 95. 1935, 283-310.

H. Dahs, Das »Anti-Terroristen-Gesetz« – eine Niederlage des Rechtsstaats, in: NJW 29. 1976, 2145-51.

E. Denninger, Gewalt, innere Sicherheit u. demokratischer Rechtsstaat, in: ZRP 6. 1973, 268-73.

R. Echterhölter, Das öffentliche Recht im nationalsozialistischen Staat, Stuttgart 1970.

G. Eichholz, Der Gewissenstäter, Die Geschichte der strafrechtlichen Privilegien, Diss. Bonn 1971.

Entscheidungen des Reichsgerichts in Strafsachen, 77 Bde. (Entscheidungen aus dem Zeitraum vom 21. Oktober 1879 bis 19. Mai 1944).

H. M. Enzensberger Hg., Freisprüche, Revolutionäre vor Gericht, Frankfurt 1973.

I. Fetscher, Terrorismus u. Reaktion in der Bundesrepublik Deutschland u. in Italien, Reinbek 1981.

M. Funke Hg., Terrorismus, Untersuchungen zur Strategie u. Struktur revolutionärer Gewaltpolitik, Bonn 1977.

– Hg., Extremismus im demokratischen Rechtsstaat, Bonn 1978.

R. Graf v. d. Goltz, Tribut-Justiz, Ein Buch um die deutsche Freiheit, Berlin 1932.

H. Grebing, Arbeiterbewegung u. Gewalt, in: Gewerkschaftliche Monatshefte 29. 1978, 65-77.

L. Gruchmann, Jugendopposition u. Justiz im Dritten Reich, Die Probleme bei der Verfolgung der ›Leipziger Meuten‹ durch die Gerichte, in: W. Benz u. a. Hg., Miscellanea, Fs. H. Krausnick, Stuttgart 1980, 103-30.

M. Güde, Probleme des politischen Strafrechts, Vortrag am 22. März 1957, Hamburg 1960.

D. Güstrow, Tödlicher Alltag, Strafverteidiger im Dritten Reich, Berlin 1981.

E. J. Gumbel, Vier Jahre politischer Mord, Berlin 1922; Reprint Heidelberg 1980.

—, Vom Fememord zur Reichskanzlei, Heidelberg 1962.

H. u. E. Hannover, Politische Justiz 1918-1933, Frankfurt 1966.

H. Hattenhauer, Zur Lage der Justiz in der Weimarer Republik, in: K. D. Erdmann u. H. Schulze Hg., Weimar, Selbstpreisgabe einer Demokratie, Düsseldorf 1980, 169-76.

E. Heinitz, Der Überzeugungstäter im Strafrecht, in: ZStrW 78. 1966, 615-37.

F. Heyer, Die Entwicklung des politischen Strafrechts seit Inkrafttreten des Reichsstrafgesetzbuches, Diss. Münster 1972.

E. R. Huber, Deutsche Verfassungsgeschichte seit 1789, bisher 6 Bde. (Bd. 1: Reform u. Restauration 1789 bis 1830, Stuttgart 1967²; Bd. 2: Der Kampf um Einheit u. Freiheit 1830 bis 1850, ebd. 1968²; Bd. 3: Bismarck u. das Reich, ebd. 1963; Bd. 4: Struktur u. Krisen des Kaiserreichs, ebd. 1969; Bd. 5: Weltkrieg, Revolution und Reichserneuerung 1914-1919, ebd. 1978; Bd. 6: Die Weimarer Reichsverfassung, ebd. 1981).

— Hg., Dokumente zur deutschen Verfassungsgeschichte, 3 Bde. (Bd. 1: Deutsche Verfassungsdokumente 1803-1850, Stuttgart 1961; Bd. 2: Deutsche Verfassungsdokumente 1851-1918, ebd. 1964; Bd. 3: Dokumente der Novemberrevolution u. der Weimarer Republik 1918-1933, ebd. 1966).

P. Hüttenberger, Heimtückefälle vor dem Sondergericht München, 1933-1939, in: M. Broszat u. a. Hg., Bayern in der NS-Zeit, Bd. IV, Herrschaft u. Gesellschaft im Konflikt, München 1981, 435-526.

L. J. Ilse, Geschichte der politischen Untersuchungen, welche durch die neben der Bundesversammlung errichteten Commissionen, der Central-Untersuchungskommission zu Mainz und der Bundes-Central-Behörde zu Frankfurt in den Jahren 1819 bis 1827 und 1833 bis 1842 geführt sind, Frankfurt 1860 Nachdruck Hildesheim 1975.

B. L. Ingraham, Political Crime in Europe, A Comparative Study of France, Germany, and England, Berkeley 1979.

H. Jäger, Verbrechen unter totalitärer Herrschaft, Studien zur nationalsozialistischen Gewaltkriminalität, Freiburg 1967.

G. Jasper, Der Schutz der Republik, Studien zur staatlichen Sicherung der Demokratie in der Weimarer Republik 1922-1930, Tübingen 1963.

–, Justiz und Politik in der Weimarer Republik, in: VfZ 30. 1982, 167-205.

O. Kirchheimer, Staatsgefüge u. Recht des dritten Reiches (1935), in: KJ 9. 1976, 33-59.

–, Die Rechtsordnung des Nationalsozialismus (1941), in: KJ 4. 1971, 356-70.

–, Politische Justiz, Verwendung juristischer Verfahrensmöglichkeiten zu politischen Zwecken, Neuwied 1965.

J. F. Kirkham u. a., Assassination and Political Violence, A Report to the National Commission on the Causes and Prevention of Violence, Washington D. C. 1969.

D. Kolbe, Reichsgerichtspräsident Dr. Erwin Bumke, Studien zum Niedergang des Reichsgerichts u. der deutschen Rechtspflege, Karlsruhe 1975.

K. Kreiler Hg., Traditionen deutscher Justiz, Politische Prozesse 1914-1932, Berlin 1978.

W. Laqueur, Terrorismus, Kronberg 1977.

– Hg., Zeugnisse politischer Gewalt, Dokumente zur Geschichte des Terrorismus, Kronberg 1978.

M. Liepmann, Kommunistenprozesse, Ein Rechtsgutachten, München 1928.

M. H. Livingston u. a. Hg., International Terrorism in the Contemporary World, Connecticut 1978.

P. Lösche, Anarchismus, Darmstadt 1977.

–, Terrorismus u. Anarchismus, Internationale u. historische Aspekte, in: Gewerkschaftliche Monatshefte 29. 1978, 106-16.

E. Lucas, Ausnahmezustand in den ersten Jahren der Weimarer Republik, in: KJ 5. 1972, 163-74; 382-94.

H. Lübbe, Endstation Terror, Rückblick auf lange Märsche, Stuttgart 1978.

A. Lüdtke, Von der ›tätigen Verfassung‹ zur Abwehr von ›Störern‹, Zur Theoriegeschichte von ›Polizei‹ u. staatlicher Zwangsgewalt im 19. u. frühen 20. Jahrhundert, in: Der Staat 20. 1981, 201-28.

H. Lüttger, Das Staatsschutzstrafrecht gestern u. heute, in: JR 1969, 121-30.

W. Maihofer, Politische Kriminalität, in: Meyers Enzyklopädisches Lexikon, Bd. 14, 1975, 365-69.

K. Marx u. F. Engels, Werke, Bd. 34, Berlin 1966.

D. Merten, Rechtsstaat u. Gewaltmonopol, Tübingen 1975.

W. Middendorff, Der politische Mord, Ein Beitrag zur historischen Kriminologie, Wiesbaden 1968.

–, Die Gewaltkriminalität unserer Zeit, Geschichte – Erscheinungsformen – Lehren, Stuttgart 1976.

W. J. Mommsen u. G. Hirschfeld Hg., Sozialprotest, Gewalt, Terror –

Gewaltanwendung durch politische und gesellschaftliche Randgruppen im 19. und 20. Jahrhundert, Stuttgart 1982.

B. Moore, Zur Geschichte der politischen Gewalt, Frankfurt 1969³.

U. Mückenberger, Streikrecht u. Staatsgewalt in Polen, in: KJ 15. 1982, 42-66.

H. Münkler, Guerillakrieg u. Terrorismus, in: NPL 25. 1980, 299-326.

W.-D. Narr, Physische Gewaltsamkeit, ihre Eigentümlichkeit u. das Monopol des Staates, in: Leviathan 8. 1980, 541-73.

W. Neusel, Höchstrichterliche Strafgerichtsbarkeit in der Republik von Weimar, Frankfurt 1972.

P. Noll, Der Überzeugungstäter im Strafrecht, Zugleich eine Auseinandersetzung mit Gustav Radbruchs rechtsphilosophischem Relativismus, in: ZStrW 78. 1966, 638-62.

S. Papcke, Progressive Gewalt, Studien zum sozialen Widerstandsrecht, Frankfurt 1973.

J. Perels, Staatsapparat u. gesellschaftliche Selbstbestimmung in Polen, in: KJ 15. 1982, 67-78.

K. Peters, Die Umgestaltung des Strafgesetzes 1933-1945, in: A. Flitner Hg., Deutsches Geistesleben u. Nationalsozialismus, Eine Vortragsreihe der Universität Tübingen, Tübingen 1965, 160 ff.

D. Posser, Politische Strafjustiz aus der Sicht des Verteidigers, Karlsruhe 1961.

Redaktion Kritische Justiz Hg., Der Unrechts-Staat, Recht und Justiz im Nationalsozialismus, Frankfurt 1979.

H. Ridder, Grundgesetz, Notstand u. politisches Strafrecht, Bemerkungen über die Eliminierung des Ausnahmezustandes u. die Limitierung der politischen Strafjustiz durch das Grundgesetz für die Bundesrepublik Deutschland, Frankfurt 1965.

H. Robinsohn, Justiz als politische Verfolgung, Die Rechtsprechung in Rasseschandefällen beim Landgericht Hamburg, 1936-1943, Stuttgart 1979.

C. Schmitt, Die legale Weltrevolution, Politischer Mehrwert als Prämie auf juristische Legalität und Superlegalität, in: Der Staat 17. 1978, 321-39.

M. Scholle, Die preußische Strafjustiz im Kulturkampf, 1873-1880, Marburg 1974.

F.-Chr. Schröder, Der Schutz von Staat u. Verfassung im Strafrecht, Eine systematische Darstellung, entwickelt aus Rechtsgeschichte u. Rechtsvergleichung, München 1970.

– Hg., Texte zur Theorie des politischen Strafrechts Ende des 18. Jh./Mitte des 19. Jh., Darmstadt 1974.

G. Schulz, Staatsschutz u. Nationalsozialismus in der Ära Brüning, in: Staat u. NSDAP 1930-1932, Quellen zur Ära Brüning, Düsseldorf 1977, IX-LXX.

W. Sellert, Die Reichsjustizgesetze von 1877 – ein gedenkwürdiges Ereignis, in: JSch 17. 1977, 781-89.

H. Sinzheimer u. E. Fraenkel, Die Justiz in der Weimarer Republik, Eine Chronik, Neuwied 1968.

R. Spaemann, Moral u. Gewalt, in: M. Riedel Hg., Rehabilitierung der praktischen Philosophie, Bd. I: Geschichte, Probleme, Aufgaben, Freiburg 1972, 215-41.

I. Staff, Justiz im Dritten Reich, Eine Dokumentation, Frankfurt 1978².

M. Stolleis, Nationalsozialistisches Recht, in: Handwörterbuch zur Deutschen Rechtsgeschichte, 20. Lief. 1981, 873-92.

M. Stolleis u. D. Simon, Vorurteile u. Werturteile der rechtshistorischen Forschung zum Nationalsozialismus, in: NS-Recht in historischer Perspektive, München 1981, 13-51.

Strafgesetzbuch für das Deutsche Reich vom 15. Mai 1871, Gera 1876.

H.-J. Vogel, Strafverfahrensrecht u. Terrorismus – eine Bilanz, in: NJW 31. 1978, 1217-28.

A. Wagner, Die Umgestaltung der Gerichtsverfassung u. des Verfahrens- und Richterrechts im nationalsozialistischen Staat, in: Die deutsche Justiz u. der Nationalsozialismus, Teil I, Stuttgart 1968, 189-366.

J. Wagner, Politischer Terrorismus u. Strafrecht im Deutschen Kaiserreich von 1871, Hamburg 1981.

W. Wagner, Der Volksgerichtshof im nationalsozialistischen Staat, Stuttgart 1974.

H. Weinkauff, Die deutsche Justiz u. der Nationalsozialismus, Ein Überblick, in: Die deutsche Justiz und der Nationalsozialismus, Teil I, Stuttgart 1968, 17-188.

U. Wesel, Auch ein Kampf ums Recht: K. Tucholskys Justizkritik, in: ders., Aufklärungen über Recht, Zehn Beiträge zur Entmythologisierung, Frankfurt 1981, 101-11.

A. v. Winterfeld, Terrorismus-›Reform‹ ohne Ende?, in: ZRP 10. 1977, 265-69.

Neue Historische Bibliothek in der edition suhrkamp

Herausgegeben von Hans-Ulrich Wehler

Die ersten 6 Bände:

Werner Abelshauser, Wirtschaftsgeschichte der Bundesrepublik Deutschland

Dirk Blasius, Die Geschichte der politischen Kriminalität in Deutschland 1800–1980

Volker Hentschel, Geschichte der deutschen Sozialpolitik 1880–1980

Kurt Kluxen, Geschichte und Problematik des Parlamentarismus

Detlef Lehnert, Sozialdemokratie zwischen Protestbewegung und Regierungspartei 1848–1983

Wolfgang Wippermann, Europäischer Faschismus im Vergleich 1922–1982

Im Oktober 1983 erscheinen:

Michael Geyer, Deutsche Rüstungspolitik 1860–1980

Peter Marschalck, Bevölkerungsgeschichte Deutschlands im 19. und 20. Jahrhundert

Hans-Ulrich Wehler, Grundzüge der amerikanischen Außenpolitik 1750–1900

Die weiteren Titel der Neuen Historischen Bibliothek:

Klaus Bade, Europäischer Imperialismus

Helmut Berding, Antisemitismus 1870–1980

Volker R. Berghahn, Unternehmer und Politik in der Bundesrepublik 1949–1979

Gisela Bock, Internationale Frauenbewegung

Manfred Botzenhart, Deutschland 1789–1848

Rüdiger vom Bruch, Deutsche Universitäten 1734–1980

edition suhrkamp. Neue Folge

edition suhrkamp. Neue Folge